JN164197

いま読む！名著

ルソー『エミール』を読み直す

〈期待という病〉はいかにして不幸を招くのか

坂倉裕治
Yuji SAKAKURA

現代書館

いま読む！名著

〈期待という病〉はいかにして不幸を招くのか

ルソー『エミール』を読み直す

＊

目次

序章

正気を失わないために

飽食と飢餓

おいしいものを、めずらしいものを、お腹いっぱいに食べたい、それも、できるだけ安あがりにすませたい、と望む人たちがいる。「豊か」といわれる人たちのもとには、日々、大量の食べものが運ばれてくる。そのなかには、直接的に、あるいは間接的に、「貧しい」といわれる人たちの手がこしらえたものもある。売れ残ったり、食べ残されたり、調理もされずに冷蔵庫のなかで朽ちた食べものは、無造作に捨てられる。「貧しい」といわれる人たちのもとには、ほとんどなにも食べるものがない。冷たく理不尽なこの世界で、飽食と飢餓とが、隣り合わせて存在している。

心に残る映画がある。映し出されるのは、「拾う人たち」の姿である。フランスの首都、パリの路上で朝市が終わるころ、路肩にうち捨てられた野菜や果物などを、腰をかがめて拾い、食べる人たち。早朝、パン屋のそばのゴミ箱をあけて前日の売れ残りを拾う人たち。スーパーの近くでゴミ箱をあさる人たち。大きすぎたり、小さすぎたり、形が悪かったりして、売り物にならないとして選別され、トラックで運ばれて廃棄された大量のジャガイモを拾って袋に詰める人たち。とくに、ハートの形をしたジャガイモは、この映画のシンボルとなった。『シェルブールの雨傘』などで知られる、故ジャック・ドゥミ監督の伴侶であった、アニエス・ヴァルダ監督が、ミレーの名画「落穂拾い」から着想を得て、ハンディー・カメラを片手に歩きまわり、映像を「拾った」ドキュメンタリー映画、『落穂拾い』（二〇〇〇年、フランス）である。

落穂拾いは、収穫後に畑に残った作物を拾うことを許した、ヨーロッパ各地で見られた習慣である。旧約聖書「レビ記」一九章九〜一〇節には、「穀物を収穫するときは、畑の隅まで刈り尽くしてはならない。収穫後の落ち穂を拾い集めてはならない。ぶどうも摘み尽くしてはならない。ぶどう畑の落ちた実を拾い集めてはならない。これらは貧しい者や寄留者のために残しておかねばならない」とある。[*1] また、二三章二二節には、「畑から穀物を刈り取るときは、その畑の隅まで刈り尽くしてはならない。収穫後の落ち穂を拾い集めてはならない。貧しい者や寄留者のために残しておきなさい」とある。「申命記」二四章一九節には「畑で穀物を刈り入れるとき、一束畑に忘れても、取りに戻ってはならない。それは寄留者、孤児、寡婦のものとしなさい」とある。中世ヨーロッパの農村では、耕地を排他的に占有できるのは作物の栽培中だけであり、その他の期間は、村人たちみんなのものとして土地が利用されていた。収穫が終わってから家畜の放牧が始まるまでの間、耕地を開放して残された作物(落ち穂)を、老人、寡婦、孤児、病人といった社会的弱者に拾うことを許していたのである。貧しい人たちに生活の糧を与えたこの風習は、フランスでは、一五五四年一一月二日付の勅令で定められた条項が現行の刑法に継承されており、こんにちでも法にかなった行為である。

ドキュメンタリー映画をもう一本参照したい。エルヴィン・ヴァーゲンホーファー監督の『ありあまるごちそう』(二〇〇五年、オーストリア)は、地球全体で見れば、世界の全人口を十分に養えるだけの食糧が生産されているにもかかわらず、数億人もの人々が飢えている現代の矛盾はどのようにして生じるのか、という問題に迫った作品である。冒頭では、オーストリアの小麦農家が極端に安価な輸入品との競争で厳しい状況に置かれていることが紹介される。続いて、ウィーンの専門業者によって処理されることになる、廃棄された大量のパンの山が画面いっぱいに広がる。信じがたい光景である。「廃棄物」の量たるや年間二千トンに及ぶという。これだけあれば、オーストリア第二の都市グラーツの住民たちすべてを満足させられるはずだという。まだ食べられるパンが捨てられていることに、目を覆いたくなる。食べものがありあまり、安価に取引されている欧州連合では、作物を育てない休閑農地に対して補助金が支給されているという。

伝統的な小規模の農業、漁業、畜産業は、徹底した利益の追求とコスト削減を是とするグローバル企業による大量生産のしくみに脅かされ、その存続すら危ぶまれている。フランス北部のブルターニュで小さな漁船を操る漁師の言葉は印象的である。日々変わる日の出の時刻、風、波の状況に合わせて船を出し、長年の経験によって培われた勘にしたがって正確に作業をこなし、とれた魚をただちに陸揚げする。その言葉の端々に、自然への敬意が滲み出ている。このような伝統的な手法で魚をとるには、自然のなりゆきに人間の側が合わせなければならない。しかし、大量の水産物を安価に流通させようとすると、暴力的なやり方で人間の都合に自然を合わせることになる。欧州連合の政策によって強力に推進される、大型船を活用して海の幸を根こそぎさらっていく漁法では、水産資源の枯渇は顧みられない。一五〜三〇日にわたって漁に出たまま戻らないため、陸揚げされたときには、魚の鮮度はかなり損なわれてしまっている。伝統的な漁法でとられた魚とは比べものにならないくらい、味も落ちるという。

スペイン南部で栽培されるトマトは、トラックで三千キロも離れた北欧へと運ばれる。畑で労働力となっているアフリカからの不法移民たちは、使われていないビニール・ハウスにテントを張り、焚き火をして生活している。

南アメリカでは、アマゾンの密林が伐採され、科学的に土地を改良して畑がつくられている。そこで育てられた大豆は、ヨーロッパや日本に輸出されてニワトリの餌となる。一九七五年以降に消滅した原生林の広さは、フランスとポルトガルの全国土に相当するという。そして世界最大の大豆輸出国であるブラジルでは、国民の二五％に相当する人々が食べものをほとんど手に入れることができないまま、飢えに苦しんでいるのである。

飢餓問題の第一人者として国際連合で活躍している、ジュネーヴ大学のジャン・ジグレール教授による解説が、映画の要所要所に挿入されている。解説に導かれながら、このドキュメンタリーを注意深く見る観客は、映像の背景や余白にあるであろうはずの、「映し出されていないもの」について、思いをめぐらせるにちがいない。しめくくりに、世界最大級の食品会社の最高経営責任者に対するインタビューが置かれているのは巧みである。自分の会社が駆使する先端技術、雇用している従業員の規模、社会への貢献について、自信たっぷりに語るその姿は、これまで、「貧しい」とされる地域に生きる人たちが注ぎ込む労働、食料の生産、加工、流通の過程、不条理なまでの格差を生み出している隠されたしくみについて、しっかり考えてきた観客には、こっけいなピエロに見えるにちがいない。語られるすべてが、悪い冗談にしか聞こえないにちがいない。

国際連合食糧農業機関（FAO）が二〇一一年にまとめた「世界の食料ロスと食料廃棄」に関する調査報告書によれば、世界で生産される食料の三分の一に相当する一三億トンが、毎年廃棄されていると推定されている。とうてい、他人事とみなすことなどできまい。日本でも、大量の食料が捨てられている。農林水産省作成の「食品廃棄物等の利用状況等（平成二五年度推計）」によれば、日本で一年間に廃棄される食品はおよそ二千八百万トン、そのうち、まだ食べられるものがおよそ六三〇万トン（家庭で捨てられるものが約三〇〇万トン）と推測されている。流通の過程や家庭内で腐ったりカビがはえたりして捨てられるものばかりではなく、食べ残し、売れ残り、賞味期限切れなどの理由から、まだ食べられるものが捨てられている。とくに、正月、節分、クリスマスなど、特定の行事に合わせて流通する、お節料理、恵方巻き、ロースト・チキンといった加工食品は、時期がすぎると商品価値が著しく低下するため、売れ残りが大量に廃棄される可能性がある。

かつての日本では、よほどのことがなければ、ものが捨てられることなどなかった、と伝えられている。食べものについては、過去の記憶を現代に伝える物的資料に乏しい。しかし、生活の道具については、確かな物証が残されており、伝承を自分の目と指先とで、はっきり確かめることができる。東京の浅草にある博物館、アミューズミュージアムの常設展示の目玉となっているのが、かつて青森の村々で使われてきた、「ぼろ」と呼ばれる衣類である。青森県出身の在野の民俗学者、田中忠三郎が四〇年にわたって集めたコレクションが中心となっている。粗い麻布を何枚も重ね合わせて刺し子をし、継ぎ接ぎをしながら、何世代にもわたって着られてきた衣類を目のあたりにしたとき、手にとってさわったとき、感じる衝撃は大きい。どんな小さな布切れも、捨てることなど考えられない。かつての日本人は、どれほどものを大事にしてきたことだろう。どれほどつつましく、謙虚に、厳しい自然のなかで工夫をこらして生きてきたことだろう。近代化、すなわち西洋化を通じて、一見、生活は豊かに、楽になったかに見える。しかし、それとひきかえに、なにを失ってしまったのか、いま一度、考えさせられる気がする。

　二〇一二年に欧州議会は、二〇二五年までに食品廃棄を半減させるための具体的方策を定めるよう、欧州連合加盟各国に要請する決議を採択した。フランスでも、二〇一六年二月に、床面積四〇〇平方メートル以上の大型店舗を対象とする法律が成立し、賞味期限が切れた食品の廃棄を禁じ、援助団体などを通じて品質に問題がないものを生活困窮者に配るしくみをつくった。このように、「豊か」とされる国でも、問題を解決すべく、実効性がある対応が模索されている。

　ここで注意しておこう。飽食と飢餓が隣り合わせで存在するこの世界で、「貧しい」とされる人たちだけが、不幸で惨めなのではない。「豊か」といわれる人たちもまた、多くのばあい、そうとは気づかないまま、不幸で惨めなのである。大量につくられ、長い旅路を経て、安価で取引される食べものには、どれほど自然（ネイチャー）にそぐわない人為（アート）が加えられていることか。ほんの少し考えてみれば、恐れおののかずにはいられまい。ホルモン剤などが投与され、通常の二倍の速度で、通常の二倍の体格に成長させられる家畜は、自分の体重を支えることすらできず、ほんの数歩、歩いただけで足を骨折してしまう。野菜も、遺伝子操作された種子からつくられたり、長い流通経路を想定した

「品質管理」のために薬剤で処理されたりしているものが少なくない。こうした薬品は、「ただちに目に見える悪影響を健康に及ぼさない」という意味で、「安全」だとされている。ほんとうに問題がない、と信じてよいのだろうか。

虫もたからない食べもの

研究のために、筆者はたびたびフランスに調査に出かける。ひとつの町に長く滞在するときは、好んで台所つきの部屋を借りて、ある程度は自炊することにしている。外食ばかりだと、胃腸が疲れてしまうからである。それに、パンも、バターも、野菜も、果物も、ぶどう酒も、信じられないくらい安くておいしい。フランスでつくられた農産物に加えて、スペインやイタリア、北アフリカからも品物が運ばれてくる。とくに葉物は念入りに洗わなければならない。ほとんどいつもといっていいくらい、葉のかげから、イモムシやナメクジのような生き物が出てくる。たしかに、はじめはびっくりした。しかし、すぐに慣れてしまう。ふと思う。なぜ日本では、野菜を洗っているとき、生き物と出会うことがめったにないのだろう、と。

世紀が変わったころから、いくつかの国でミツバチが姿を消したことが問題となった。大量に死んだのだとも、他の場所に移動したのだともいわれ、決定的な証拠となるようなデータが確定されたわけではないものの、ネオニコチノイド系農薬が主な原因ではないかと推測されるようになった。二〇〇六年、フランスの最高裁判所は、この系統の農薬の一部を使用禁止とした。欧州連合も、二〇一三年一二月、この系統の農薬三種類の使用を禁止した。ところが、二〇一五年五月、日本の厚生労働省は、ネオニコチノイド系農薬の食品残留基準を大幅に緩和した。たとえば、ほうれんそうなどの葉物で、許容範囲が従来の一〇倍以上に引き上げられたのである。その日本でも、各地でミツバチが消えたという報告がある。他国で使用禁止の措置がすすめられている農薬に対して、規制が大幅に緩和されたのは、いったいなぜだろう。*2

ネオニコチノイド系農薬は、水に溶けやすく、根や種子だけではなく、植物全体に成分が浸透する。そのため、少ない量で殺虫効果が比較的長い期間にわたって持続する。収穫後も作物に残るため、流通過程でアブラムシなどがたかるのを避けることができる。こうして、品物の見た目が「きれいな」状態で消費者の手に渡る。しかし、この農薬は神経に働きかける毒である。とうぜん、食べものとともに農薬＝毒も消費者の体内にとり込まれる。妊娠中であれば、胎盤を通じて胎児にも吸収されるかもしれない。母親が摂取した農薬＝毒が胎児の神経系に与える影響を懸念して、この農薬＝毒が、いわゆる発達障害の原因となっている可能性を示唆する研究者もいる。とはいえ、現時点では、問題の農薬＝毒が環境や健康に及ぼす悪影響が、科学的に証明されたわけではないようである。農薬＝毒を含んだ食品を食べたとしても、目に見える悪影響がただちに認められるわけではない。因果関係を疑わせる蓋然的なデータはさまざまに示されているとはいえ、因果関係を確証するにたる決定的なデータはないとされている。しかしまた、残留農薬の安全基準もまた、人の手によって設定されたものである。基準を超えさえしなければほんとうに安全なのか、確かめることは困難である。そもそも、安全基準とは、真実はわからないままに、「正しい」とか「妥当である」とされる範囲を線引きして、約束事として決めたものにすぎない。線引きの根拠を確かめてみれば、それぞれの国の政治や行政をあずかる人たちが、どのような立場の人たちの利益をいちばん大切に考えて基準を設定しているのか、おおよその見当がつきそうである。ヨーロッパで売れなくなった農薬の在庫は、その後、どのような運命をたどったのだろうか。実に興味深い。

この農薬をめぐる一件は、異物が混入した可能性があるとして、外食のカレー・チェーンから冷凍カツをロットごと廃棄する仕事を請け負った業者が、正規の廃棄処理をせずに事故品を転売したため、スーパー・マーケットなどで通常の商品と並んで売られてしまったという事件*3と、どこかしら似ている。そう考えるのは、筆者だけだろうか。

ことの大小を問わず、私たちの社会には、嘘があまねく広がっている。廃棄処分されるはずの事故品や賞味期限が切れた食品が転売され、断ち切られたはずの販売ルートにふたたびのせられる。化学的に合成された混ぜもので色と香りをつければ、食品はすっかり姿形を変えてしまう。従来は捨てられていた部位の肉や骨が、細かくくだかれ、さまざまな混ぜものといっしょに固められ、強い味と香りをつけられて、加工食品となる。小麦粉でつくった麺が着色され、まがいものの蕎麦として売られる。産地や賞味期限のラベルは容易に貼りかえられる。魚沼産コシヒカリの流通量は、生産量の数倍に達するという。大手のホテルや老舗の料亭でも、伊勢海老や松阪牛など、いわゆるブランド食材を使用していると表示しておきながら、じっさいには、より安価な輸入品が代用されていたことがあったという。寿司のネタの多くは、呼び名とはまったく異なった種類の魚で代用されるのがあたりまえになっているという。市販されるジュースには、ほとんど果汁が入っていないものも少なくないという。「かに風味かまぼこ」のように、ほんものではないことをはっきり表示して販売される、「似て非なる」食品もめずらしくない。

私たちの社会では、ありとあらゆる産業分野で熾烈な価格競争がくりひろげられている。できるだけ安く、できるだけ快適な暮らしを手に入れたいという消費者と、できるだけ利益を大きくしようとする生産者や販売者の間でくりひろげられるやりとりのなかで、ときに、安全についての配慮はなおざりにされてしまう。このように、文明が進んだといわれる私たちの社会で、高度に洗練されたといわれる生産、流通のしくみを通じて、私たちの生活のしかたは、私たち自身にも、自然ぜんたいにも、大きな負荷をかけるものとなってしまっている。日々、どれほどの量のプラスチックがゴミになることだろう。どれほどの量の毒物が体のなかにとりこまれていることだろう。

哲学は危機管理の学である。ものごとがうまく回っているときには、あまり役に立たないかもしれない。しかし、ものごとがうまくたちゆかなくなったとき、あるいはうまくいっていると人々が思い込んでいても、実は問題が隠されているとき、問題を発見し、どのようにして危険を回避したらよいのか、しっかり考えるための手順を探るうえで、きわめて重要な役割を担いうる。歴史に名を残す哲学者たちのなかには、ときの権力者と対立し、迫害された人も少なくない。あえて乱暴な言い方をすれば、狂気にとらわれた人たちのただなかにあってさえ、正気を失わないでいようとする知的な態度にこそ、哲学の生命がある。人類の歴史のなかで、こんにちほど哲学が必要とされる時代はなかったかもしれない。危機的な状況を「日常」として生きながら、なお、正気を失わないでいるために。

このように、私たちの日常をいまいちど省みようとするとき、近代が始まろうとする一八世紀という時代に、主にフランスを舞台として活躍した思想家、ジャン＝ジャック・ルソー（一七一二―一七七八）に注目することは、的外れではあるまい、と筆者は考える。ルソーの主著と目されている『エミール』（一七六二年）を、私たち自身の生活や社会が直面しているいくつかの問題と突き合わせながら読み直すことが、本書の課題である。必要に応じて、『人間不平等起源論』（一七五五年）、『ジュリ、新エロイーズ』（一七六一年）、『社会契約論』（一七六二年）といったルソーの他の作品、さらには同時代に書かれた他の思想家の作品をも、参照することになるだろう。

もし私がお金持ちだったとしたら……

「教育について」という副題が付された『エミール』は、理想的な家庭教師として想定された「私」が、生徒エミールを誕生してからずっとよりそって教育するという小説形式をとっている。生徒の年齢、発達の段階に応じて、五つの編に分かたれている。

第一編：誕生から幼児期。
第二編：三〜一二歳ごろ。
第三編：一二〜一五歳ごろ。
第四編：思春期〜青年期。
第五編：青年期。

第四編の末尾に、語り手（ナレーター）の「私」を前面におしだした、かなり長い脱線が置かれている。理想的な教師によって守り育てられ、「純粋で健全な心」を持ったままで成長した生徒エミールは、もはや読者の参考にはならない、というのである。問題の一節は次のような文章で始まる。*4

もし、私がお金持ちだったとしたら、お金持ちになるためにしなければならないことなら、なんでもやってしまったことだろう。だから、私は尊大で下劣で、自分ひとりのことにばかり敏感に気を配り、ほかのすべての人たちに対しては情け知らずで冷酷で、卑しい人たちの惨めさを見下していたことだろう。このようにいうのも、かつては自分も同じ階級に属していたことを忘れるために、貧しい人たちに対して卑しいなどという言葉しか使わなくなっているだろうから。

この部分が英語の仮定法に相当する条件法で叙述されていることに、注意する必要がある。この脱線で述べられるのは、事実ではない。現実とは異なる仮定にもとづいた、つくり話にほかならない。おおよそ以下のような内容になっている。

　多くのお金持ちたちとはちがって、「私」は、人に見せつけたり、自慢したりするために財産を使うことはないだろう。偏見や社会通念にとらわれることなく、自らが感じるところにしたがって、ほんとうに喜びを感じられることのために、財産を使うことだろう。見せかけなどではない、ほんとうに実感できる喜びを手に入れるために、なによりも必要なのは、暇と自由と健康である。暇と自由と健康を手にするためには、なるべく自然から離れないでいるようにしなければならない。自然が恵んでくれる食べものを、そのまま食べるのがいちばんおいしい。食卓に料理が並ぶまでに、人の手がつけ加えられなければつけ加えられないほどよい。「これは魚（ポワソン）だ」などといって人が売りつける毒（ポワソン）に高いお金を払うことなどないだろう。ごまかしの混ぜものが入った食べものや、遠方から運ばれてくるうちに腐ってしまった肉が、「私」の食卓に並べられることなどないだろう。遠い国の食べものがどうしても食べたいのなら、運んでこさせるのではなく、自らその国に足を運ぶだろう。土地のものを、旬の季節に食べることにするだろう。温室で味わいのない作物をつくるまでもない。自分のことは自分で好きなようにしたいから、召使いもいらない。いつでも好きなところに行けるように、いちいち準備が必要になる馬車などいらない。いつでも好きなところへ旅立てるように、立派な宮殿などいらない。いつまでもコレクションが完結しないのを嘆くはめにならないように、図書室も陳列室も持たないだろう。趣味や性格が合う人たちとだけ交際し、お金にしっぽをふるような人たちとはかかわらないだろう。気持ちのよい丘の中腹に小さな家を建て、牛を飼って乳製品をつくるだろう。家のまわりを菜園と果樹園にして、通りかかった人は誰でも作物をもげるようにするだろう。柵で囲って自分の散歩を妨げるまでもない。専用の狩場も持たないだろう。密漁者を取り締まって土地を監視したり、貧しい人を苦しめたりして、いやな思いをするまでもない。誰でも好きなように狩りができるところを選ぶだろう。

仮に「私」がお金持ちだとすれば、お金を儲けるためになんでもして、ある程度変わってしまっていることだろう。それでも「少なくとも、なにがしかの趣味、なにがしかのものの感じ方、なにがしかの繊細さは、私に残っていることだろう[*5]」。この変わらない部分こそが、「私」をほかの誰でもない、「私」たらしめているものである。ルソー自身も、お金への執着はそれほどなかったように見える。自伝『告白』でも、欲しいものを手に入れたいという願望はあっても、そのためにお金が媒介することを嫌い、お金よりも、欲しいと思うものそれ自体を直接に求める性格だったと述べている[*6]。自らが感じるところにしたがって幸せを求めるならば、お金はそれほど大切ではない。ほんとうに「楽しみを味わうために、お金持ちになる必要などない」し、「幸せになることは、幸せそうに見せかけることよりも百倍もたやすい[*7]」と「私」はいう。

しかし、世の中には、ばかげた虚栄心から、じっさいにはありもしないもの、幻想や絵空事を追いかけ、お金をかき集めることばかり気にかけている人たちがいる。そうした人たちは、いつ、不意打ちを食らって自分の財産が奪われるかわからない、という不安をかかえたまま、いつも警戒していなければならない。柵をつくり、見張りをたて、幾重にも備えてみる。それでもなお、不安で不安でたまらない。突然襲われるのを恐れて、気楽に外を歩くことすらできない。このような不都合が生じる最大の原因は、快楽を得るための手段をひとりじめにしようとすることにある、とルソーはいう。

楽しみからそれにつきものの苦しみを取り除きたいのであれば、ひとりじめをやめるがよい。ほかの人たちと共有するものを残していればいるほど、それだけ、あなたがたは純粋なままの楽しみを味わうことができるのである。*8

「私」を主語として語られてきたはずの脱線のなかで、突然、二人称の「あなたがた」が主語となっている一文が現れるのを、見のがすわけにはいかない。この脱線が、読者を教育して、よき趣味へと導こうという意図を持って書かれていることはまちがいない。ルソーによれば、富、権力、社会的地位を追い求める人たちは、おうおうにして、自然にかなったよき趣味を軽んじるようになってしまう。他人の目に自分が幸せそうに映るようにと、あくせくと苦労し、自らの感じるところにしたがって幸せを実感する機会をみすみすとりにがしてしまう。かおり、味、食感など、自分の五感に訴えるところにしたがっておいしいと思うものを食べることよりも、ほかの人がうらやましがるめずらしいものを、ほかの人がほめてくれるものを、価格が高いものを食べることを重んじる。このような態度こそが、不幸を招く根本的な原因なのだ、とルソーはいう。

教育論と目されてきた『エミール』では、ぜんたいとして、子どもを教え導くことよりもはるかに多くの記述が、子どもを教え導こうとする大人たちを教え導くことにさかれている。現代に生きる私たちは、『エミール』に導かれながら、なにを考えることができるだろうか。

＊1　本書における聖書からの引用は、日本聖書協会発行の新共同訳による。

＊2　『朝日新聞』二〇一六年八月一一日付朝刊。『毎日新聞』二〇一七年七月一三日付東京版朝刊。『日本経済新聞』二〇一七年七月二三日付朝刊。

＊3　『朝日新聞』二〇一六年一月一四日付朝刊。

＊4　ジャン＝ジャック・ルソー、『エミール』第四編、平岡昇訳、三八八－四〇一ページ。この一節に焦点をあてた優れた考察に次がある。Laurence Maul, « Les luxes de l'autoportrait par hypothèse : La digression « si j'étais riche ... » dans l' *Émile* ». なお、この部分に相当する草稿は、『エミール』の前年に出版された小説『ジュリ、新エロイーズ』の草稿の裏に書かれていたもので、『エミール』執筆の最終段階で加えられたものだという。cf. Piter D. Jimack, *La genèse et la rédaction de l'Émile de J.-J. Rousseau*, pp.229-230.

＊5　『エミール』第四編、三九五ページ。

＊6　ジャン＝ジャック・ルソー、『告白』第一巻、『ルソー全集』第一巻、四九ページ。

＊7　『エミール』第四編、四〇一ページ。

＊8　『エミール』第四編、三九九ページ。

第1章

『エミール』を読み解くための前提

少なからぬ思想書に見られるような、
とっつきにくいところ、難解な言葉づかいは、
『エミール』にはさほど認められない。
しかし、『エミール』の構造は、一般に考えられているよりも
はるかに複雑で、そこかしこにしかけが隠されている。
しっかり読み解くためには、そうとうの注意が求められる作品である。
本章では、『エミール』を読み解くために
必要不可欠と思われることがらを、整理・確認する。

1　ルソーの生い立ちと『エミール』出版までの経緯

ルソーの教育体験と『エミール』執筆のきっかけ

時計職人だったルソーの父親、イザークは、宗教的迫害を恐れてフランスからジュネーヴに移住したユグノー（カルヴァン派の新教徒）の家系の出身で、この小さな共和国の市民であった。一八世紀当時、ジュネーヴには、市民《シトワイヤン》（市内で生まれた市民または町民の子で、選挙権と被選挙権を持つ）、町民《ブルジョワ》（市外で生まれた市民または町民の子で、選挙権を持つ）、出生民《ナティフ》（市内で生まれた住民の子）、住民《アビタン》（市内に居住を許された外国人）、隷属民《シュジェ》（市外の領地に住む農民や傭兵など）という身分の区別があった。時計づくりは、市民たちだけに許された名誉ある仕事だった。

ジャン＝ジャックを出産してまもなく、母親が亡くなった。妻を失った痛手から立ち直れなかったイザークは、妻の忘れ形見を溺愛した。しかし、息子に与えた教育は、必ずしもほめられたものではなかったようである。自伝『告白』によれば、ルソーの自意識のめばえは五、六歳の頃、父親の読み聞かせによる読書の記憶に始まる。どうやって読み方を覚えたかは分からない。夕食後、少年は父親と、母親が残した小説類を読みあさる。朝、燕の声を聞いてやっと眠りにつくこともしばしばであった。

私はわずかな間に、この**危険な方法**によって、やすやすと読書力と理解力を得た。しかもそれだけではなく、諸々の情念についても、その年頃ではほかに類のないくらい知ってしまった。ものごとについてなんの観念も持っていなかったのに、あらゆる感情はすでに私には分かっていた。私はなにひとつ理解することなく、なにもかも感じていたのである。つぎつぎに経験したこれらの漠然とした情動は、私がまだ持っていなかった理性を損なうことは少しもなかったが、まったくちがった性質の理性を形づくり、人生について奇妙で小説的な観念を私に与え、経験も反省も決してそれを直すことはできなかった。*1

ルソーの生家

「ほかに類のない」「まったくちがった」「奇妙で小説的な」といった言葉によって、この子どもがいかに特異な、たぐいまれな存在であるかが強調されている。この特異性は、「危険な方法」と形容される、父親との読書がもたらしたものだと理解されている。

　小説を読み尽くすと、母方の祖父の蔵書に手をつける。ル・シュウール『教会と帝国の歴史』、ボシュエ『世界史論』、プルタルコス『英雄伝』、ナニ『ヴェネツィア史』、オウィディウス『変身物語』、ラ・ブリュイエール『カラクテール』、フォントネル『世界の多様性についての対話』、『死者との対話』、モリエールの戯曲などが並べられ、特にプルタルコスが少年の心をとらえた。読書とそれについて父親とかわした対話から、「自由で共和的な精神、束縛と従属を我慢できない、不屈で誇り高い性格が形成され、それを自由に伸ばすにはおおよそ不適当な状況で、私は一生の間いつもそのために苦しんだ[*2]」のだという。

感情豊かな恋愛小説と、プルタルコスの『英雄伝』のような、まったく対照的な二つの系統の読書が、ルソーに独特な感受性を形づくってしまったという。

このようにして、あのかくも誇り高く、しかもかくも優しい心、女性的で、しかも不屈の性格が、私のなかに形づくられ、現れはじめたのだった。それは常に弱気と勇気、柔弱と徳の間をただよい、最後まで私を自己矛盾させ、そのために私は禁欲と享楽、快楽と智恵とを、ともに取り逃がしたのである。[*3]

なるほど、言葉のうえでは、ルソーは自分が受けた教育を賛美し、感謝の念を捧げている。「理にかなった、健全な教育を受けた子どもがいるとすれば、それは私である[*4]」。しかし、ルソーが父親の面影を理想化して描写するとき、自分自身に対する否定的な評価が添えられていることには、注意する必要がある。『人間不平等起源論』の巻頭に置かれた「ジュネーヴ共和国への献辞」では、自分に生を与え、共和国を尊敬すべきことを話して聞かせた「有徳な公民」として、父親の思い出が語られている。タキトゥスやプルタルコスやグロチウスの著作が見える仕事部屋で、手に汗して働く父親から愛情のこもった教育を受けたからには、「悪徳に向かう傾向がどれほど人にあるとしても、心のこもった教育が永遠に無駄になったままになることは、まずあるまいということを、幸いにも感じている」[*5]。自伝『告白』にも、ほとんど同じ趣旨の言葉が見られる。「このうえなく誠実な教育を受けたにもかかわらず、私には堕落への強い傾向があったにちがいない」[*6]。少なからぬ問題を抱えて成長した自分の生い立ちに対して、その責任があくまで自分にあることをはっきりと示すことで、父親が弁護されている。つまり、ルソーは、自分が子どものころに受けた教育が不適切であったことを、屈折した形で認めているのである。『エミール』で語られる教育の原則は、しばしば、ルソー自身が受けた教育とは正反対のものである。子どもにとって、想像力がいかに危険であるか、ルソー自身が身をもって知っていたからであろう。

子ども時代の私は、少しも子どもらしくなかった。私はいつも大人とおなじように感じ、考えた。大きくなってはじめて、人並みに戻ったのであるが、生まれた時は、そこからはみ出ていたのである。ひかえめながら自分を天才のように思っている、と私は笑われるであろう。それならそれでいい。しかし、充分笑った後で、六歳にして小説にひかれ、興味をもち、熱い涙を流すまでに夢中になる子どもがいるものなら、見つけてもらいたい。そのときには、私も自分の虚栄心を愚かしいものと感じるだろうし、自分がまちがっていたと認めよう。[*7]

このように、ルソーは自身について、大人とおなじような感受性と理性をそなえた子ども、たぐいまれで、早熟で、非凡な少年であったと回想している。『エミール』に登場する理想的な家庭教師は、子どもがこのように育つことがないよう、周到に注意することだろう。

イザークはいさかいを起こしてジュネーヴを単身で離れたため、ジャン＝ジャックは幼くして父親と生き別れになった。一五歳で祖国を捨てて、フランスで放浪生活を送ったルソーは、正規の学校教育をほとんど受けておらず、ほぼ独学で教養を身につけたといってよい。三〇歳を前にして、一七四〇年から一年あまり、家庭教師をした経験がある。のちに哲学者として有名になるマブリとコンディヤックの兄にあたる、リヨンの法服貴族マブリの、五歳と四歳になる二人の子どもの教育を託されたルソーは、当初、自信と熱意にみちていて、教育の原則と教育計画について短い文章を書いている。『サント＝マリ氏のための教育案』と『ご子息の教育に関するド・マブリ氏への覚書』という、多少異なる部分があるものの、ほぼ同じ内容の手稿が、こんにち残っている。そこでルソーは、教育には両親の協力と家庭教師への信頼が不可欠であることを訴えている。示された具体的な教育計画は、ありふれた常識の域をこえるものではなく、教育論として高く評価できるものではない。しかし、子どもの好奇心をかきたて、自ら学ぶようにさせる必要を説くこと、知性よりも感覚を重視すること、想像力の危険性を指摘すること、準備教育を重視することなどに、『エミール』につながる主張を読みとろうとする研究者もいる。この家庭教師の経験は、のちに自伝『告白』のなかで「熱意に欠けるところはなかったけれども、私の気分にはむらがあって、とりわけ慎重さが欠けていた。感情、理屈、怒りという、子どもに対しては常に無益で、しばしば有害でさえある三つの方法しか、私は用いることができなかった。（中略）私がしたことは、まさにしてはいけないことばかりだったのである」[*8]と回想されており、苦々しい失敗の思い出をルソーに残したようである。

一七六二年に出版された『エミール』を、「二〇年間の瞑想と三年間の労作」[*9]とする『告白』の記述を信じるなら、リヨンでの家庭教師の経験いらい、教育への関心がルソーの頭の片隅にあったことになる。徴税請負人デュパンと一七四三年にパリで知り合い、秘書となったルソーは、同年の五月、当時一六歳だったデュパンの息子シュノンソーの世話を一週間あまり引き受けている。この折、『ご子息の教育に関するド・マブリ氏への覚書』を求めに応じてデュパン夫人に送ったらしい。この度の教育実践についても、「耐えがたい苦しみを覚えた」と『告白』に記されている。[*10]家庭教師として、ルソーは有能ではなかったようである。一七五六年、かつての教え子シュノンソーの奥方から、子どもの教育のために助言を求められたのに応じて、覚書を書き始めたことが、『エミール』執筆の直接のきっかけとなったとされている。

「ひとりのよき母を喜ばせるため」に書き始められた草稿は、「主題にひきずられて、著作のようなものになってしまった」[*11]という。実際、この作品ぜんたいをつらぬく、まとまった思想の体系を見いだすことは、必ずしもたやすいことではない。教育論を準備するための読書ノートや執筆途中の草稿を検討した研究者、ジマックによって、ルソーがなんども書き直しや補足をくりかえして、

離れ小屋

モン＝ルイ通りの家

この作品を完成させたことがわかっている。[*12] 一七五八年、モンモランシのモン＝ルイ通りの家（現在、市営の「ルソー記念館」として残っている）に移ったルソーは、好んで「独房」と呼んだ離れ小屋にこもって、『ダランベールへの手紙』、『道徳書簡』、『新エロイーズ』、『社会契約論』とともに、『エミール』を執筆している。これらの著作のなかには同趣旨の文章が随所に認められることから、研究者たちによって、これらをひとまとまりの作品群として読み解こうという試みが積み重ねられてきた。

『エミール』の出版をめぐる経緯

『エミール』は、一七六二年五月末にフランスで販売が開始された。版元に原稿を渡したルソーは、体調をくずしてしまい、余命いくばくもないと思い込んでいた。一七六一年一一月から一二月にかけて、きわめて異常な精神状態に陥った。印刷が遅々として進まないこと、数折ずつばらばらに送られてくる校正刷がまちがいだらけであることに、不安とあせりを覚え、パリの版元の悪意を疑った。[*13]『エミール』の原稿がイエズス会士の手に落ち、反論を準備するために印刷が意図的に遅らされているのだとか、『エミール』を見る影もなく改竄して自分の名誉をおとしめようと陰謀しているのだ、といった疑念をいだいた。[*14] 一一月末には、版元との出版契約を破棄したいと表明しさえした。[*15] すなわち、原稿と引き換えに受けとったお金を返すかわりに、ただちに原稿をルソーに戻すならば、印刷の遅延の補償は求めないこと、版元が別の作品の出版を望むなら『音楽事典』を与えてもよいこと、どうしても教育論（『エミール』）を出版したいなら期日を定めてそれを守る（遅れた場合は、著者が他で印刷する権利を留保する）か、迅速に作業できる外国の印刷所と契約すること、これらの条件を拒むなら、あらゆる手段に訴える用意があると版元に伝えたのである。

庇護者たちのとりなしもあって、一二月末になってようやく落ち着きをとりもどしたルソーは、この異常な精神状態について、「狂気」、「錯乱」などと回顧することになる。[*16] この「錯乱」の原因を、もっぱらルソーの性格だけに帰することはできない。ルソーは、海賊版が現れることに強い警戒心をいだいていた。[*17] この懸念に、根拠がまったくなかったわけではなかった。一八世紀には、著作権についての考え方が、こんにちとは大きく異なっていた。著者の了解なしに版元が勝手に増刷したり、正規の出版契約を結ぶことなしに無断で作成された海賊版を販売したりすることも、めずらしくはなかった。『エミール』の出版を正規に請け負った書店は、パリのデュシェーヌとアムステルダムのネオームの二軒だけであった。デュシェーヌとネオームは製作費用を案分し、フランス国内での独占販売権をデュシェーヌが、フランス国外（特にオランダと英国）での販売権をネオームが取得した。この契約にもとづいて制作され、流通した『エミール』の正規の初版本は、次の二系統三種類である。

A：パリでデュシェーヌによって印刷された八折本、ル・ハーグ、ネオーム書店
B：パリでデュシェーヌによって印刷された一二折本、アムステルダム、ネオーム書店
C：アムステルダムでネオームによって印刷された八折本、発行地、発行書店表記なし

大きな紙の両面に印刷して、これを折りたたんで書物を作成するので、一二折本は八折本よりも小型で、価格も安くなる。パリ版の八折本と一二折本の本文には、基本的に同じ版が使われているものの、柱、ノンブルについては、八折本の方はやや大きめの活字が用いられている、といった軽微なちがいがある。序文とタイトル・ページについては、八折本が一二折本よりも先に印刷されたと考えられている。一二折本では訂正されている誤植が八折本に認められるからである。しかし、本文については、小型の一二折本が先に印刷され、その組版が八折本に流用されたと考えられている。印刷製本上用いられる欄外の記号について、その一部が八折本でも一二折本用のままとなっていたり、八折本では訂正されている誤植が一二折本で残っている箇所が複数認められるからである。

じっさいにはパリで印刷されたデュシェーヌのパリ版が、オランダのネオーム書店のものであるかのように偽っていることにも注意されたい。パリ版は二つの大きさの版本で、一七六二年中に三版を重ねている。とくに第二版は、一見すると初版とそっくりであるものの、初版に存在する誤植

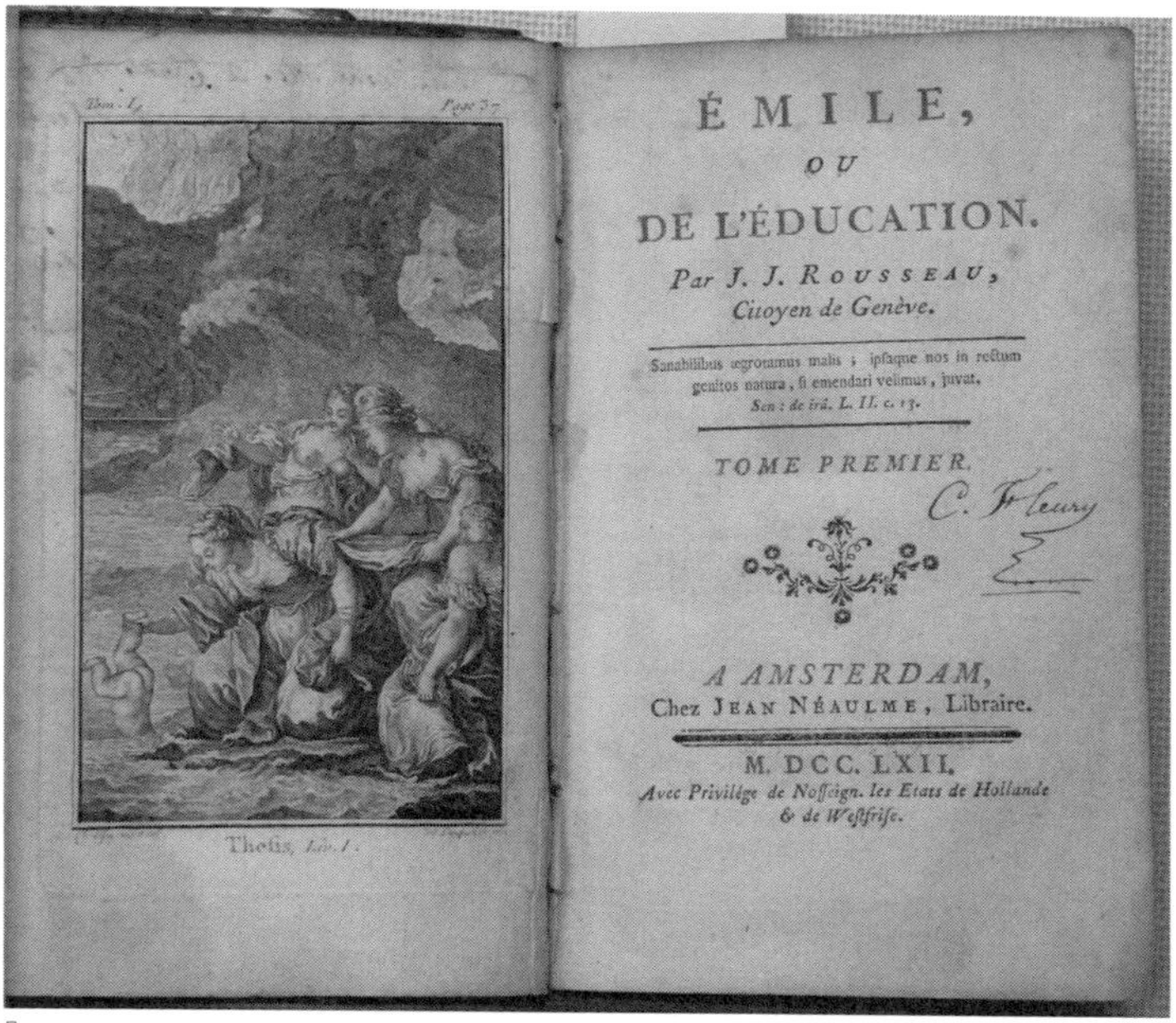

『エミール』パリ版12折本初版扉(名古屋大学附属図書館所蔵)

が訂正されているので、判別が可能である。正規の版本以外に、ルソーが恐れていた海賊版が多数現れた。これまでの研究の到達点と目される成果によれば、初版と同じ一七六二年という出版年を記した『エミール』の版本は、正規版も含めて一四系統一九種類が識別されている。*[18] とくに、リヨンのブリュイゼとデュシェーヌとの間で、ネオームに対するのとほとんど同じ内容の契約が交わされていたことは、ルソーもネオームもまったく知らなかったのである。発行地アムステルダム、発行者ネオームと記した一二折本のリヨン版は、パリ版とほとんど同じ時期に現れ、主としてドイツ語圏で流通した。パリ版初版に誤植が認められる箇所について、リヨン版を検討した結果、一二折本用の校正刷に対してルソーが指示した訂正箇所が指示通り訂正されている。おそらく、パリ版八折本用の清刷をもとに制作されたものであろう、と推測される。口絵の銅版画が不鮮明であったり、パリ版の巻末につけられた正誤表の一部が省略されるなど、やや雑なつくりになっている。

デュシェーヌが、発行地と発行者を偽って印刷したのは、検閲を逃れるためであった。当時のフランスでは、キリスト教や教会の権威を否定するもの、王権の権威を否定するもの、誹謗中傷にかかわるもの、公序良俗に反するものなどが公刊されないよう、検閲するしくみがあった。ところが、検閲の責任者である官吏、マルゼルブは、社会の進歩に有用と思われる書物を出版するために影で手を貸していたのである。[*19]『アメリカの民主主義』などの著作で知られるトクヴィルの母方の曽祖父にあたるマルゼルブは、名門貴族の家系に生まれ、最高権力を握る大法官となった父親から出版統制局長の職を受け継いだ。在任期間は、一七五〇年末から一七六三年一月までである。

アンシャン・レジーム（フランス革命以前の旧体制）下のフランスでは、国内で公刊される書物は、事前に検閲を受け、認可を受ける必要があった。さらに、国王からの恩恵として特認を受けた印刷者は、当該書物の独占的印刷・販売権を得ることができた。じっさいには、検閲・承認を得ずに地下出版されるもの、フランスでは公式に許可できないものの黙許を得て出版されるものも相当数あった。外国（たとえば、フランスよりもはるかに出版の自由があったオランダ）で印刷されてフランスに持ち込まれたもの、印刷地を外国、たとえば、ロンドン、アムステルダム、ジュネーヴなどと偽って、じっさいにはフランス国内で印刷されたものもあった。外国の書物を許可なく持ち込むことは違法であったにもかかわらず、黙認されることも少なくなかった。教会にとって脅威となりうる書物について、マルゼルブは熱心に取り締まらなかったことが知られている。

『エミール』には、原罪説などカトリック教会の主要な教説を否定したり、教会の権威をおとしめたりする記述が含まれていた。とりわけ、第四編の自然宗教論「サヴォワの助任司祭の信仰告白」は、当時のフランスではとうてい印刷できる内容ではなかった。デュシェーヌは検閲を逃れるために、タイトル・ページにネオームの名を記して、こっそりとパリで印刷していたのだった。オランダからの輸入品を装っても、現物の検査を受けずに販売すると違法となる。マルゼルブの協力のもと、デュシェーヌは抜け道を見いだす。一七六二年五月二七日、出版検査官エメリーの日記には、『エミール』に暗黙のうちに認可を与えた」とある。『エミール』に与えられたのは、正規の出版許可ではなく、口頭による黙許であった。

一方、ネオームは作品の内容を詳しくは知らずに契約を結んでいたようである。全四巻で出版されたパリ版の、第三巻の校正刷をデュシェーヌから受けとるや、「サヴォワの助任司祭の信仰告白」を読んで驚いたと書簡にしたためている。[20] この部分を削除するように丁重に提案するも、[21] ルソーは頑として応じない。[22] ネオーム版の制作が遅れているうちに、パリ版とリヨン版が流通し始める。内容に問題があることを知りながら、すでに流通している他の版本と同じ形で、すなわち、「信仰告白」を入れたままで販売することを決意したネオームは、当初準備していたタイトル・ページを差

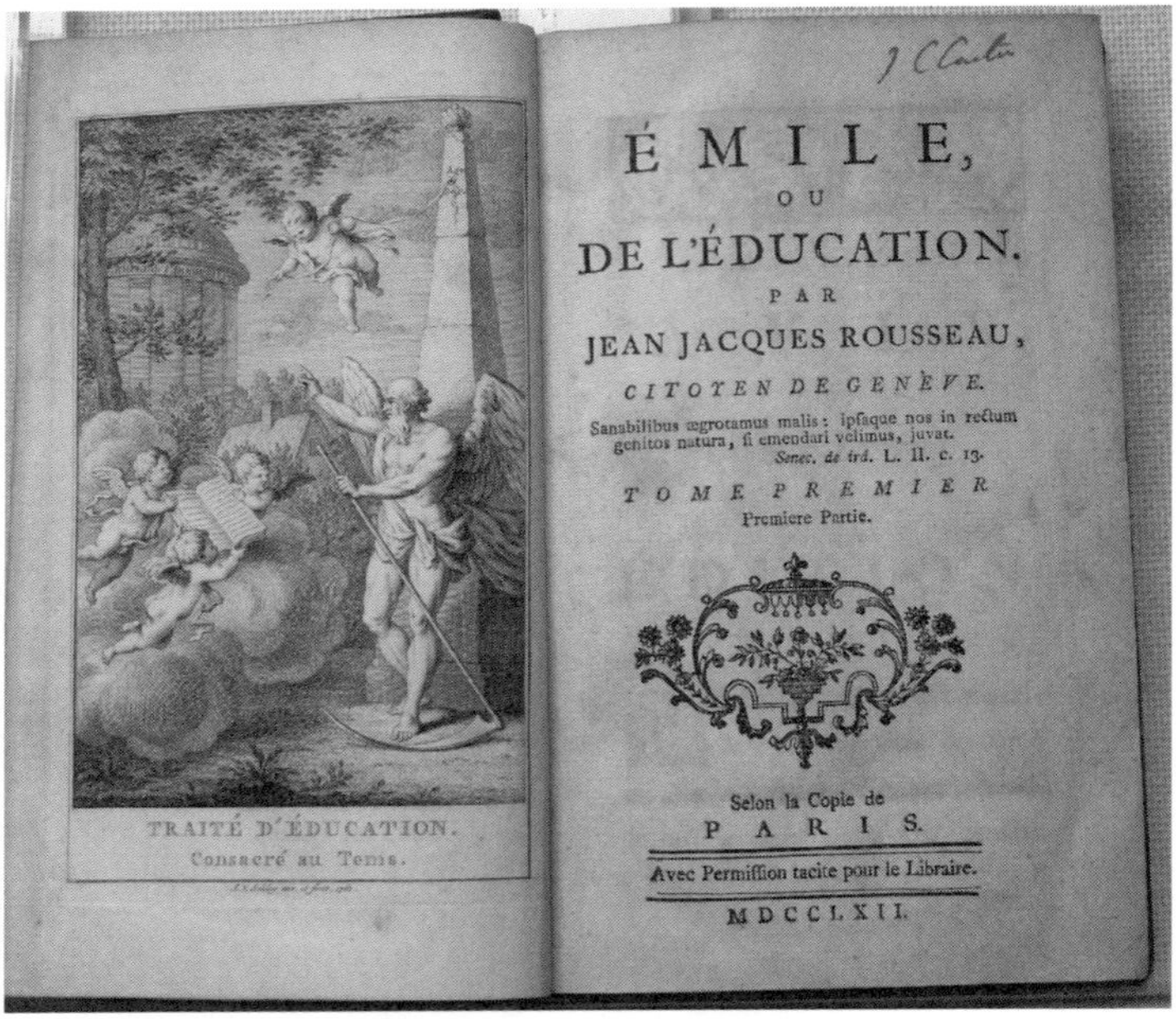

『エミール』アムステルダム版初版扉（名古屋大学附属図書館所蔵）

し替えて、発行地と出版者を記さず、単に「黙許を受けたパリ版にもとづく」とだけ記した形で刊行する。[*23]

パリ版の販売が開始されたのが五月二七日であった。六月七日にはパリ大学神学部が『エミール』を告発した。六月九日、パリ高等法院は『エミール』を焚書とし、著者に逮捕令状を出した。一八世紀に黙許によって印刷される「危険な内容」を含んだ著作は、匿名で出版されるのがふつうであった。「ジュネーヴ市民、ジャン＝ジャック・ルソー」と著者の名前を記したことは、権力に対するあからさまな挑戦とみなされたのである。ルソーを庇護していたリュクサンブール公爵は、密かに逃亡させようとする。はじめ、ルソーはなにも恐れるものはない、と逃亡する意志はなかった。しかし、このままでは、公爵夫妻やマルゼルブに迷惑がかかる、と説得され、フランスを離れる決意を固めた。これより、スイス、さらに英国へと、ルソーの長い期間にわたる逃亡生活が続くことになる。一九日、祖国ジュネーヴでは、『社会契約論』と『エミール』が焚書となり、著者に逮捕令状が出る。そのとき燃された『エミール』は、皮肉なことに、正規本ではなく海賊版のリヨン版であったという。[*24] 八月には、『エミール』を断罪するパリ大司教ボーモンの教書が公になる。九月には、ローマ教皇庁も『エミール』を禁書とする。

フランスの検閲を逃れるためにデュシェーヌに利用された形のネオームにも、予期せぬ災難がふりかかる。オランダの出版統制当局から訴追され、多額の罰金を科されたのである。六月二三日、オランダでも『エミール』が販売禁止、差し押さえとなる。「清浄された」版本をあらためて出版することを約束して、ようやく恩赦を受けたネオームは、やはりフランス系ユグノーの出自で、ベルリン在住の哲学者、ヨハン・ハインリッヒ・ザムエル・フォルメーに必要な作業を依頼した。「疑義がある部分」に注記が付され、「著しくキリスト教に反した部分」が削除されたり、別の文章と置き換えられたりした、『キリスト教徒のエミール』が、一七六四年に発行地をベルリンと記してネオーム書店から出版されている。数多くの「訂正」とともに、「サヴォワの助任司祭の信仰告白」と『社会契約論』の抜粋の部分は、元のテクストとはまったくちがうものに置き換えられている。「棄損された本」の出現を知ったルソーは、「驚くべき横領によって私の同意なしに私の本に手を加えること」は「誠実な人間」ならできるはずがない、とネオームに強く抗議する。[*25]
ただし、ネオームの仕事がとてもていねいであったことは評価されてしかるべきである。たとえば、ルソーによる校正刷への訂正の一部を、パリ版では正誤表を巻末につけて対応しているのに対して、アムステルダム版では訂正があるページをあらためて刷り直して、さしかえている。
ルソーは、後の版のために、手持ちのパリ版初版一二折本に書き込みをしていた。この版本は現在、ジュネーヴのジャン＝ジャック・ルソー協会が所蔵しており、ジュネーヴ大学図書館のサイトe-raraで画像を参照できる。ルソーの死後に友人たちが編纂した『全集』で反映された増補部分には、フォルメーに対する反論も複数含まれている。フォルメーは、実に注意深く『エミール』を読み、記述に認められる矛盾を鋭く突いている。ルソーは、フォルメーの批判を逆手にとって、テクストのグレード・アップを試みたとみることもできる。[*26]

2 『エミール』の難しさ

理解しがたいテクスト

一般に、『エミール』は、教師として必要なことをすべて兼ね備え、あたかも神のように、すべてを見通し、すべてをなしうると想定された「私」が、ごく平凡な子どもエミールを、誕生してから結婚するまで、家庭教師として寝食をともにしながら一貫して教育する、という設定で書かれた〝小説形式の教育論〟と紹介される。必ずしもまちがいではない。しかし、これから確認していくように、『エミール』の構造は、一般に考えられているよりもはるかに複雑で、そこかしこにしかけが隠されている。ていねいに読みながら、巧妙に配置されたしかけにひとたび気づいたならば、斜めに読み飛ばしたときとは、作品の印象がまったくといっていいほど変わってしまうはずである。なるほど、少なからぬ思想書に見られるような、とっつきにくいところ、難解な言葉づかいは、『エミール』にはさほど認められない。しかし、しっかり読み解くためには、そうとうの注意が求められる作品である。

じっくりテクストを読んでみると、「小説」としての展開にも、一貫性や連続性を認めることが難しいところがあることに気づく。『エミール』について、ルソーはのちに、「あれほど読まれながら、あれほど理解されず、真価を認められていない本」[*27]と、嘆くことになる。「私の著作は、それを書くように命じたのと同じ心をもって読んでくれる人々にしか愛されない」[*28]とさえ、ルソーはいう。自分の著作が「正しく」読まれることに、すなわち、自分が意図したとおりに読まれることに執拗なまでにこだわったルソーは、些細な逸脱をも許さないという姿勢で、読者に対する期待を、そしてその期待が裏切られるにちがいないという不信感をくりかえし綴っている。「ここでは私は理解されないのだから異邦人である」というオヴィディウスの言葉を、ルソーは処女作『学問芸術論』と、晩年の自伝的著作『対話』のエピグラフ（書物の巻頭などに引用される短文）に選んでいる。

「私」とは何者か？

なによりも読者をとまどわせるのが、『エミール』というテクストに頻繁に現れる「私」が、いったい誰を意味するのか見きわめることが難しい、ということであろう。この問題に正面からとりくんだモールの注目すべき研究[*29]に導かれながら、整理してみよう。

ときに「私」は、著者である思想家ルソーである。『人間不平等起源論』や『社会契約論』など、自分の別の著作を参照するように読者にすすめたり、まねしてはいけない実例として自分自身の子ども時代の思い出を引き合いに出したりする。次々とわが子を捨てた惨めな父親として後悔の念を吐露し、家庭教師としての失敗談を語っては、自分が教師としてはまったく無能だと白状する。

ところが、家庭教師としてエミールを導く「私」は、年齢、知識、才能に恵まれ、教育に携わるために必要なすべての条件がすべて整っていると想定された、虚構の登場人物である。この家庭教師が「崇高な魂」、「たぐいまれな人間」、「奇跡」といった語で形容されることは、このような存在が「堕落した」現実の世界で見つけることがほとんど不可能だということを示している。現実には存在することなどないであろう資質を認めることでつくり出された理想的な家庭教師の権威は、常に自然にしたがい、自然から逸脱することのない、「自然の意志の執行者」であることにもとづいている。

著者である「私」と、虚構の登場人物である家庭教師としての「私」の間には、ほとんど決定的ともいえる断絶がありながら、語り手（ナレーター）としての「私」によって緊密に結びつけられている。さらに、たとえば『エミール』第五編では、家庭教師の「私」が語り手の「私」とほとんど合体しているようにみえる。それでも、生徒について高みから俯瞰するように語る語り手の「私」と、生徒に直接語りかける家庭教師の「私」との間には、やはり断絶が認められる。ときに、唐突に現れる語り手としての「私」は、テクストの連続性を乱暴に断ち切ってしまう。

『エミール』という作品世界を織りなすテクストが真実を語っていることを保証するのは、「私」ではなく「自然」である。しかも、作品世界にとどまる限り、自然を読み取ることができるのも、文明社会の偏見と悪とを暴くことができるのも、複雑に接合された「私」だけなのである。

「エミール」とは何者か？

家庭教師が「たぐいまれな人間」とされるのに対して、当初、生徒エミールの素質は、平凡そのものと想定されていた。しかし、成長していくにつれ、現実の社会のなかでは「たぐいまれな人間」、「非凡な者」となり、世間で行われている教育を受けた「あなたがたの生徒」とはまったく異なる存在となっていく。すべてが、「私」による教育の成果である。自然の規律の下に発達したエミールと通常の教育を受けた他の子どもたちとが対比されることによって、『エミール』は白黒が交互に組み合わさったチェス盤のような構造を持っていると指摘したヴァルガスは、「あなたがたの生徒」を「私の生徒」（エミール）の引き立て役と見なした。*30 しかし、このように解釈してしまうと、理解できないことがある。ある程度の年齢まで「私の原則によって育てられた子ども」は、ときとして「あなたがた」(読者)の手に委ねられてしまう。そのとたん、子どもに大きな変化が起こる。

> エミールは人類の中での自分の地位を考え、自分が非常に恵まれた位置にあることを知って、あなたがたの理性がつくりだしたものを自分の理性の名誉と見なしたり、幸運の結果を自分の功績にしたりしようと欲するだろう。『ぼくは賢く、他の人たちはばかなんだ』と思い込むだろう。エミールは他の人たちを憐れみながら、軽蔑するだろう。自分を祝福して、自分をいっそう高く評価するだろう。自分が他の人たちよりも恵まれていると感じて、自分が高い評価にいっそうふさわしい者だと思い込むだろう。これこそ、最も恐れるべき誤謬である。(中略)傲慢から生まれる錯覚よりも偏見から生まれる錯覚のほうがまだましではなかろうか。*31

ここで、傲慢という「最も恐れるべき誤謬」に染まってしまった子どもに対処するために、じつに手の込んだ作為が必要となることが示される。有名な「奇術師のエピソード」である。たらいに浮かんだロウのアヒルをパン切れで自在に操る奇術の出し物を市(いち)で見たエミールは、少し前から興味を持っていた磁石を使って、同じしくみを家で再現してみる。夕方、鉄くずをしこんだパンを片手に市にでかけていった生徒は、奇術師の前で芸を披露してみせる。拍手喝采を受け、翌日も来るようにと招待される。ところが、翌日になると、アヒルは生徒をばかにしたように、まったくいうことをきかずに、よそに行ってしまう。奇術師はパンをつかわずに、口で命令するだけで、アヒルを自在に操って見せる。生徒は恥じ入って、逃げるようにその場を離れる。翌朝、例の奇術師が家を訪ねてきて、種明かしをした後、「私」に向かって、無思慮な行動をしたことに苦言を呈する。すっかり恥じ入ったふたりは、わずかばかりの知識で傲慢になっていたことを反省する。[*32] ここで、注意しなければなるまい。このような手の込んだしかけを使って傲慢や虚栄心に対応することは、「私の規則にとっては例外的な場合」である。そもそも、理想的な教師によって守られた本物のエミールにはけっして起こるはずがないことがらなのである。

「私の生徒」と「あなたがたの生徒」は、しばしば対照的な存在として描かれている。しかし、ときに立場が交換されてしまう。理想の教師に守られている「私の生徒」の理想的な成長を描くばかりではない。理想的な教育空間のなかで育った子どもを外に出したとたんに、信じられないほどたやすく堕落してしまう。また、逆に、ある程度まで外の世界で育って堕落してしまった生徒を、一時的に「私」があずかって理想的な教育空間に引き入れたなら、いったいなにが起きるだろうか。

このような、脱線がひんぱんに見られることが、『エミール』を読み解くことを困難にしている。とくに注意が必要と思われるのが、具体的な教育の実例として、本文に挿入されるいくつかのエピソードである。そこで登場するのは、「他の子どもと同じように育てられたと想定したエミール」[*33]である。森のなかで迷い、天文学の有用性を学んだエピソードについて、「私」は次のようにいう。

エミールに時計を持たせてみたり、泣かせてみたりしたとき、有用であるように、また私のいうことを分かってもらうために、私は通俗的なエミールについて考えてみたのである。というのも、ほんもののエミールは、他の子どもとまったくちがった子どもなので、実例としてはなんの役にもたたないだろうから。[34]

そら豆を丹精こめて育てることを通じて「所有権の神聖さ」を学んだとされる「狂暴な子ども[35]」も、手に触れるものをなんでも壊してしまうために窓のない暗い部屋に閉じ込められた「気難しい子ども[36]」も、お菓子競争で体を鍛えながら、距離感を身につけた「不精で怠け者の子ども[37]」も、真夜中に起きだす「妄想にとりつかれた子ども[38]」も、アヒルの奇術師によって恥をかかされ、わずかな知識を誇示することの愚かさを知った生意気な少年[39]も、説明のための具体的実例を示すために持ち出された、その場限りの登場人物にすぎない。仮にエミールと呼ばれていたとしても、「ほんもののエミール」ではない。

もっぱら外見（身なり）によって人の価値を判断するように「損なわれた子どもの頭を元通りにしなければならないとしたら[40]」といった想定に見られるように、エピソードのなかでは、ある段階まで現実の社会関係のなかで育てられた生徒（「あなたがたの生徒」）を「私」が一時的にあずかって教育した場合、どのような困難と向き合わなければならなくなるのかが、論じられている。『エミール』の本来の筋書きにあるような、誕生の瞬間から理想的な教師によって周到に守られて成長する子どもについては、問題が生じてこないようにあらかじめ手を打っておくことになっていたはずである。したがって、「通俗的エミール」が登場するエピソードは本筋を外れた余談ということになる。それにもかかわらず、〝ルソーの教育方法〟を論じるさいに、ほとんどの論者が物語の本筋を語った部分よりも余談の部分に注目してきた。不可解に思えるかもしれない。しかし、そのような論者がみな、不注意から誤読したのだとも、簡単には言いきれない。命令や説教によらずに、事物から教訓を引き出し、教師の望むとおりに子どもを行動させるために、教師によってあらかじめ準備され、操作される一種の「公開の芝居」として設定されたエピソードこそ、「もっとも有益な部分」[*41]として、とくに注意して読むように指示されているからである。

『エミール』の草稿についての研究によって、「エミール」という少年の名前が登場するのは、執筆がかなり進んだ段階であることがわかっている。しかも、その多くは、「通俗的エミール」が登場するエピソードの部分である。第五編で、生涯の伴侶となる女性、ソフィと出会う（じつは教師とソフィの両親によって整えられた、偶然を装ったお見合いであった）エミールが、子どものころのお菓子競争をまねて、ソフィと競争してみるという場面がある。[*42] 余談のはずのエピソードが本線に無造作に入り込んでしまっているように見える。もし、はじめからルソーが厳密に「通俗的エミール」と「ほんもののエミール」を区別していたのであれば、第五編全体が本線ではない、脱線ということになるのだろうか。あるいは、『キリスト教徒のエミール』でフォルメーが皮肉たっぷりに指摘するまで、ルソー自身も、「ほんもののエミール」と「通俗的エミール」を明確に区別しないまま、執筆していたのだろうか。[*43]

断絶と崩壊──続編『エミールとソフィ』

いたるところで断絶をみせるテクストが描き出す作品世界は、成人し、結婚したエミールが父親になろうとしているという知らせで幕を降ろす。しかし、この作品世界の幸福な情景を、ほかならぬルソー自身が意図的に破壊しようとしたのである。『エミール』の焚書処分と著者の逮捕が決定されたのを受けてスイスに逃亡したルソーは、『エミール』の続編の執筆に並々ならぬ情熱を抱いており、来客に自ら草稿を朗読して聞かせていた。『エミールとソフィ、または孤独な人たち』と題された続編は、けっきょく完成されることはなく、風変わりな二通の書簡形式の草稿（それも二通目の途中で途切れている）が残された。[*44] 人里離れた幸せな家から家庭教師が去ったとたんに、あいついで不幸が若い夫婦を襲ってくる。ソフィの両親と娘が、あいついで亡くなる。最愛の人たちの死がもたらした悲しみを紛らわせるために、若い夫婦はパリに引っ越す。「堕落の淵」とルソーが呼ぶ都会でソフィは隣人に騙され、その子どもを身ごもってしまう。「過ち」を告白されたエミールは、ソフィのもとを離れ、職人として働きながら放浪生活を送っていた。ところが、騙されて奴隷として売られてしまう。何度か主人を変え、横暴な主人に反抗して劣悪な労働条件に対する抗議行動（ストライキ）を指導したことで資質を認められ、アルジェの大守の奴隷になったところで、草稿は途切れている。

智恵ある伴侶をえた主人公が美徳に満ちた幸せな家庭生活を送ることに心地よさを求めた読者たちは、続編の筋書きを知って、驚き、憤りを覚えた。全集を編むために草稿を託された友人たちも、戸惑いを隠せなかった。しかし、ルソー自身は、『エミール』と『エミールとソフィ』の作品世界に、ある種の連続性を認めていた。『エミール』のなかにも、ありとあらゆる試練を生徒に課す続編の構想をほのめかす記述が認められる。

> 固く結ばれた夫婦に、およそ考えられるありとあらゆる不幸がふりかかってきたとしても、心が離れたままではこの世のあらゆる幸運に恵まれても見いだせないであろう、真実の幸福を、一緒に泣くことで味わうことだろう。*45
>
> 不遇な人々の苦しみや貧しい人々の労苦を、自分の栄光の高みから見おろすことに、あなたがたの生徒を慣れさせてはならない。（中略）はたして、一時間後に生きているのか瀕死の状態でいるのか、夜にならないうちに腎臓の痛みのために歯ぎしりさせられることにならないかどうか、一カ月後に金持ちになるか貧乏になるか、もしかしたら一年後には、アルジェの囚人船で鞭打たれながら櫂を漕ぐことにならないかどうか、そういうことには、どんなに思慮深い人でも答えてやれないことがわかるためには、生徒はそれほどもの知りになる必要はない。*46

一部の熱狂的な礼讃者たちの願いとはまったく異なった意図を、ルソーが自分の作品にこめていたことは、まちがいなさそうである。

ルソー自身が、自分の作品世界を壊そうとする意志を持っていたことは疑うことができない。『社会契約論』についても、前半部分と後半部分に決定的な断絶が認められる。前半では、国家をなりたたせる法の「ありうべき」姿について原理原則が論じられている。これに対して、後半では、いかに周到につくられた国家も、人間たちの持つ利己的な情念のために衰退と崩壊を免れないとして、その速度を遅らせるための方便が探究されているのである。[*47] 小説『ジュリ、新エロイーズ』でも、ヒロインの死によって地上の理想郷とみまごう共同体が崩壊してしまうことが暗示されている。

ルソーのテクストは、しばしば、読者を驚かせ、憤らせる。少なくない読者が、ルソーを憎んだのは偶然ではない。ときに挑発とも受け取れる言葉が浴びせかけられ、のりこえることがほとんど不可能に見えるズレや断絶とたえず向き合うように強いられる。したがって、たとえば、『エミール』において「理想的な教育」を受けた生徒が、『社会契約論』で描かれる「理想的な国家」の構成員となるのだ、といったたぐいの、入門書や概説書にしばしば見られるような安直な「統一的解釈」を信じることなどできない。むしろ、作品と作品の間のみならず、それぞれの作品の内部にさえも認められる、深い断絶の意味をこそ、考えてみる必要がある。

『エミール』の作者が読者に課したルール

『エミール』の記述には、お芝居（演劇）がモチーフになっている箇所がかなりある。しかし、注意が必要である。見るべきことが、いつも舞台の上で起こるとは限らない。ときに、客席や劇場の外にも目を向ける必要がある。さらに、「私」は読者を舞台裏にまで連れていって、舞台装置の種明かしさえする。たとえば、次のように「私」はいう。

> 本書をいくらかでも注意して読むなら、エミールが遭遇するありとあらゆる状況が、偶然によせ集められたのだなどと信じられるような人がいるとは、私には想像できない（中略）。読者よ、私に余計な言葉をしゃべらせないでいただきたい。もしあなたが私を理解できるような人なら、細かな事柄についても、しっかりと私の規則に従うことができるだろう。*48

すべては家庭教師によって周到に準備され、生徒に気づかれないまま、完全に操作されている。『エミール』というテクストは、いわば頭のなかにつくられた実験室である。そこでは、人間本性とはなんであるのかを確かめようと、また、人間たちを苦しめている病（悪、不幸）がどのようにして持ち込まれるのかを検証しようと、実に多くの思考実験がくりかえし行われているのである。

ルソーは、作者が望んだとおりに「正しく」作品を読むことを読者に求めた。それだけではない。読者は作者と契約を結んだのだ、とルソーは考えていた。作者は誠実に書き、読者は注意深く正しく読むという契約である。もちろん、『エミール』という本をはじめて手にしたとき、読者は作者からルソーとこのような契約を交わす意志など、まったくなかったはずである。契約の内容は作者から読者へと一方的に与えられ、それに同意しないのであればすぐに読むのをやめよ、とルソーは要求する。ある意味で暴力的な要求だといえるかもしれない。一般に、書物というものは、読者の手にわたった瞬間、作者の手が届かないものとなってしまう。読者は自分が読みとりたいと思うことしか読みとらないし、受けとりたいと思うことしか受けとめない。しかし、ルソーはそれを認めない。注意深く、しっかり考えながら作品を読むなら、すべてを言葉にしなくても作者の真意を理解してもらえるはずだ、共感してもらえるはずだ、とルソーは考える。フォルメーに反論して書き加えた注で、ルソーは次のようにいう。

何もかも話さなければならないような人のために私は書いているのではない。[*49]

『エミール』が差し向けられるのは「反省する人々[*50]」であり、注意深い読者が『エミール』を読めば、必ずや「有益な考察」を引き出すことができるはずだ、とルソーはいう。『エミール』の序文は、次のように結ばれている。

人間が生まれるあらゆる場所において、私が提案することをなすことが可能であり、また、私が提案することをなしたならば、その人自身のためにも他の人のためにも最善のことを行ったということになるだけで、私には充分である。もし、この契約を守らないとすれば、たしかに私の過ちである。しかし、この契約を守ったにもかかわらず、それ以上のことを私に要求する人がいるならば、その人はまちがっている。私はそれしか約束していないのだから。[*51]

作者が読者に一方的に課した契約によって、作品の価値の判断は読者に委ねられる。読み終えた後に、読者から承認されるに値する作品を書くのが作者の責任であり、作者の意図にそって「注意深く」読み進むのが読者の責任である。これが『エミール』という作品世界に入っていくために、作者ルソーが読者に課したルールである。

以上に見てきたように、『エミール』という作品そのものに、読者の理解を妨げかねない、やっかいな構造や、見落としかねないしかけがいたるところに認められる。それをふまえて、ていねいに、注意深く、読むことが必要である。

3 日本で読みつがれてきた『エミール』

初期の日本語訳

おおよそ翻訳というものは、作品の理解を助けるばあいもあれば、作品の理解を妨げるばあいもある。残念ながら、明治時代から昭和時代初期にかけて現れた『エミール』の日本語訳の多くは、省略、脚色、不適切訳などのために、読者が作品を理解することを助ける以上に、理解するのを妨げてしまいかねない、問題のある不完全なものだった。翻訳の底本となった版本に由来する欠陥に加えて、訳者の責任と見なすことができる難点も数多く認められる。

西洋列強と結んだ不平等条約を撤廃して対等な国交を実現するために、法の支配の樹立と統治機構の近代化（西洋化）が急がれていた明治初期には、おびただしい数の西洋思想の古典が日本語に翻訳され、紹介された。ルソーについては、とくに『社会契約論』、『告白』、『エミール』が、くりかえし訳し直されている。これら三つの著作の訳者たちは、まったく異なった関心を持っていたようにみえるし、想定される読者もそれぞれ異なっていたようである。『社会契約論』の訳者たちは、西洋列強の支配に屈しない、近代国家を建設するための手がかりを探ろうという強い意志を持った知識人であった。『告白』の訳者たちには、近代的自我のめばえを表現する術を探ろうという意図がみえる。それぞれに切実な課題意識を持って訳出された『社会契約論』と『告白』の翻訳とは異なり、初期の『エミール』の翻訳からは、訳者たちの主体的な課題意識を見てとることがほとんどできないように思われる。作品に対する関心から翻訳したのではなく、報酬を得るための仕事にすぎなかったのではないか、と思われてならない。

たしかに、師範学校など教員養成にかかわる教育機関でもちいられていた西洋教育思想史や西洋教育史の概説書（教科書）には必ずといってよいほど『エミール』が登場する。この作品が日本語に訳されることに相応の需要があったことはまちがいないであろう。英語で書かれた概説書の翻訳に見られる解説とならんで、ほとんど自由訳といってよい、不完全な抄訳の形で出版された『エミール』の初期の日本語訳は、その後長らく、日本の読者たちの『エミール』理解を、ある意味で助け、また、ある意味で妨げ、全体としてみれば、かなりゆがんだ虚像をねりあげていくことに手を貸したのである。

師範学校で用いられた概説書に見られる『エミール』の解説を読むと、著者ルソーの略伝、『エミール』の概要、後世への影響をめぐって、おおむね似たような内容が認められる。作者ルソーの人格には問題があり、教育的な人物ではなかったし、その教育思想は子どもの自主性を重んじて教師による働きかけを退けるといった極端な放任主義で、現実の実践には向かないものであるけれども、後世の教育思想に大きな影響を与えた有益な暗示も含まれている、といったたぐいのことが書かれている。

雑誌に掲載されたごく短い部分訳をのぞけば、日本における刊本としての『エミール』の最初の翻訳は、菅（すが）學應が緑蔭の号を用いて出版した抄訳である。菅は愛媛県出身、一二歳で仏門に入り、紀州高野山で修行したのち、一八八九年に慶應義塾に入塾した。一八九四年一二月に大学部文学科を卒業して、京都で布教につとめていたが、すでに信仰心を失っており、一八九六年一二月に福沢諭吉を頼って上京し、慶應義塾の図書館で働くことになった。菅の訳業の底本は、ジュール・スティーグが編んだ抜粋本[*52]をウォージントンが英訳した版本[*53]である。スティーグの抜粋本は、全五編からなる原著のはじめの三編から適宜文章を抜粋して、数ページごとに見出しを立ててひとくくりにまとめたもので、主として教員や教職をめざす学生を想定読者としていたと推測される。採られた段落内でも省略があるほか、段落や文章の入れ換えなどの「編集」も認められる。スティーグが見出しを立てた四〇あまりのまとまりのうち、比較的抽象度の高い哲学的な議論が展開されている一三の部分を菅はまったく訳出していない。段落内でも訳し落とされているところがあり、全体として、底本の三分の二ほどの分量しか訳されていない。結果的に菅の抄訳は、スティーグによる抜粋本をさらに抜粋した形の、はなはだ不完全なものである。具体的な教育の手順にばかり焦点があてられ、原著の思想的な枠組みはほとんど見てとることができないまでに省略されてしまっている。[*54]

次に現れた日本語訳は、山口小太郎、島崎恒五郎による一八九九年の『エミール抄』である。山口小太郎は、東京外国語学校（東京外国語大学の前身）教授をつとめた、この時代を代表するドイツ語学者のひとりである。この翻訳は、アメリカの教育学者ペインによる『エミール』の英語抄訳[*55]にもとづいて島崎が作成した下訳を、デンハルトのドイツ語全訳[*56]を参照しながら山口が手直ししてできあがったものと推測される。『エミール』の初期翻訳のなかでは、かなり水準が高い翻訳であると認められる。ペインの抄訳は、原本の三分の一ほどを選んで英訳したものである。"International Education Series"の一冊として出版された経緯から、分量を他の巻と揃える必要があったのだと推測される。形而上学的議論、宗教、政治、経済、社会関係にかかわる記述などが省略され、具体的な教育の方法、手順に焦点が絞られている。また、第四編と第五編については、話題のつながりを追うことさえ困難なほど、杜撰な編集となっている。ペインの訳業には、数多くの不適切訳が認められる。その多くが、山口らの訳ではドイツ語訳にしたがって訂正されていることは注目に値する。また、ペインが一部分しか訳出していない段落のなかには、ドイツ語訳にもとづいて段落全体が訳出されている箇所もある。しかし、ペインが訳し落とした段落については、ほぼ同様に訳出されておらず、この翻訳を作成するうえで、訳者による主体的、積極的なとりくみがあった形跡は認められない。訳文の随所に、訳者の力量がきわめて高いことがうかがわれるとはいえ、この翻訳には最小限の手間ひましかかけられていないように見えるのである。*57

山口らの訳業は、作家中島敦の伯父にあたる漢学者、中島端蔵（斗南）によって漢訳されている。*58 底本が抄訳であるのに加えて、ところどころに訳し落としも認められ、不完全なものであった。とはいえ、『エミール』の中国語初訳として貴重である。この訳業が成立した経緯を探るうえで、弟の竦之助（玉振）によって出版された、中島端蔵の遺稿詩集『斗南存稿』に寄せた羅振玉の序文が重要である。羅は中島との出会いについて、おおよそ次のように記している。大陸に渡った中島は、上海の羅の私邸を突然訪問し、そのまま居候となった。文筆の才能があるので、食い扶持はなんとかするという中島に、羅は日本語で書かれた書籍の漢訳を依頼したという。特段の関心を持っていた様子がうかがえない『エミール』を中島が漢訳したのは、異国での生活費を得るためだったと考えるのが妥当であろう。

つづいて現れた日本語訳は、三浦關造による一九一三年の『人生教育・エミール』である。ペインの英語抄訳と山口らの抄訳を主たる底本としながら、部分的にフォクスレーの英語全訳*59 も参照している。平易な文体がきわだっている三浦訳では、すべての漢字に読み仮名がふられ、ほとんど自由訳に近い大胆さで、「わかりやすく」しようとした努力が認められる。ペインの抄訳にわずかに残っていた政治や哲学に関する議論が省略され、「自由の外見を残した隷属状態」といった挑発的な字句は訳し落とされたり表現が「工夫」されたりしており、原著に認められる教師と生徒の関係の暴力性はほとんど完全に剝奪されている。その結果、三浦訳では、教師と生徒のうるわしい信頼関係が、さらに強調される形になっている。[60] 三浦の『人生教育』は、盛んになっていく大正自由教育運動の波に乗って、爆発的な売れ行きをみせた（筆者が所蔵する『人生教育』は、初版から一〇年後に出た第五〇版である）。この時期、『エミール』は、いわゆる児童中心主義の教育理念のモデルを提示した書物として高く評価されるようになった。この文脈で、ルソーの教育思想は、子どもたちの学ぼうとする本性に信頼して、大人は介入を控えて子どもを自由にのびのびと活動させるのがよい、といった主張に単純化されて受けとめられた。皮肉にも、学問的な『エミール』研究は、放任主義や児童中心主義を批判する立場から『エミール』を論難しようと試みた人たちによって、その基盤が築かれたようである。[61] 児童中心主義とルソーを漠然と結びつける傾向は、こんにちでも解説書や概説書に散見される。このような一般に広く親しまれた『エミール』のイメージは、二〇世紀、ことに生誕二五〇年にあたる一九六二年を契機として飛躍的に進んだ、国際的なルソー研究の成果が示すところとは、大きく乖離（かいり）している。

『エミール』の全訳については、まず、一九二二年に、フォクスレーの英訳を底本とし、ペインの抄訳も参照した内山賢次の『エミール教育論』が出版された。なんどか改訳されて、のちに改造文庫に収められている。底本のフォクスレーの英訳には問題訳が散見されるのに加えて、訳者の責任に帰しうる不適切訳も認められる。つづいて、一九二四年に平林初之輔と柳田泉の共訳（春秋社）が現れた。はじめの部分は、のちに早稲田大学仏蘭西（フランス）文学科助教授となる平林がフランス語から直接訳しているものの、大部分は、早稲田大学英語文学科の卒業生で、のちに日本近代文学に専門を変えて早稲田大学教授となる柳田が、英訳にもとづいて重訳したものだった。この訳業は、のちに平林の単独訳としてなんどか改訳版が出版され、一九五一年に岩波文庫に収められることになる。じっさいにはいずれの改訳版も複数の手になる訳業で、不適切訳も少なくない。なお、全訳が現れたこの時期にも、平林訳の影響が強く認められる田制佐重（たせいすけしげ）による抄訳が一九二四年に現れている。田制は、早稲田大学で非常勤講師として教育学を教え、日本の教育社会学の基盤を築いた研究者である。同じ年に、各地の師範学校校長を歴任した林鎌次郎の訳業『懺悔の教育（エミール）』も出版されている。序文と第一編のみを訳出したもので、ヘルバルト学派の教育学者エルンスト・フォン・ザルヴュルクのドイツ語訳[*62]を底本とし、デンハルトのドイツ語訳とフォクスレーの英訳も参照している。おおむね、原著の趣旨を的確にとらえており、訳文もこなれている。底本のドイツ語訳の水準の高さ、林のドイツ語読解力の水準の高さがうかがえる。一九五五年には、『わが子の真に幸福であるために』と解題したうえで、全訳版が出版されている。

ルソー研究の進展を反映して、一九六〇年代には学術的に評価できる『エミール』の全訳が次々と現れた。親しみやすい文体で多くの読者に読み継がれてきた今野一雄の訳業、永杉喜輔、宮本文好、押村襄の共訳、日本における抜きん出たルソー研究者である平岡昇の訳業、教育学の専門家である長尾十三二、原聡介、永治日出雄、桑原敏明の共訳で、いずれもフランス語原典からの翻訳である。

日本の『エミール』研究

作品の構造、重要概念、複数の作品のあいだの関係、歴史的な文脈のなかでの評価などをめぐって、日本におけるルソー研究が飛躍的に進展したのは、生誕二五〇年にあたる一九六二年をひとつの区切りとする時期である。海外のすぐれた研究成果を日本語に翻訳・紹介する作業もすすんだ。そうしたなかで、主に教育学を専門とする研究者たちによる『エミール』の研究について見ると、必ずしも深まったとはいいがたい。たしかに、『エミール』について論じた研究書、論文の数は膨大である。しかし、その多くは、パターン化された理想的な教育や教師のイメージによって古典作品を称揚することに終始しているように見える。すなわち、子どもの発達をしっかり認識して発達段階の特性にみあった教育を整える必要性、言葉による学習ではなく物自体に依拠した経験的・能動的学習の重要性、子どもの興味関心に訴える必要性など、要するに、教師の明示的で威圧的な働きかけを排除して、子どもを教育の中心に置こうという考え方とルソーの教育思想を結びつけようとする傾向が強い。とはいえ、あらたな問題設定によって従来の解釈をくつがえしたり、思想構造の深みに入り込もうとする刺激的な論考もなかったわけではない。ここでは、公刊された研究書に限って、数点を簡単に紹介するにとどめたい。

従来、ルソーの政治思想と教育思想は別々に論じられることが多かったなかで、沼田裕之は、人間の形成と市民の形成という、ルソーにおいて両立困難な二つの課題の緊張関係に注目することで、『人間不平等起源論』や『社会契約論』なども視野に入れながら『エミール』に示された教育思想の構造を検討した。*[63]

森田伸子は、アナール派など、新しい歴史学の成果をいちはやく取り入れて『エミール』を読み直し、かつては普遍的な価値があると論じられることが多かった西洋近代の教育理念を相対化しようと試みた。子どもに自由だと思わせておきながら、じっさいには教師が完全に子どもを統御していることなど、近代の教育理論が構造的に有している矛盾を鋭く指摘している。*[64]

筆者の研究は、ルソーが厳格に区別することを求める「自己愛」と「利己愛」に注目して、この二つの術語が担っている機能を検討することで、ルソーの教育思想の構造を明らかにしようと試み、従来の『エミール』研究が正面から取り組むことが少なかった第四編、第五編で展開される思想の構造を解明することにも力を注いだ。*[65]

『エミール』第四編に挿入された「サヴォワの助任司祭の信仰告白」を中心に、ルソーの倫理思想、宗教思想について、主要な概念を精緻に検討している川合清隆の一連の論文も、書物の形にまとめられている。*[66]

海外における近年の『エミール』研究の動向

比較的新しい海外の『エミール』研究については、コンディヤックの感覚論哲学との関係で『エミール』を検討したアンドレ・シャラクの研究[*67]のような例もあるものの、哲学研究者よりも文学研究者の方が刺激的な研究を発表しているように思われる。

教師が指示を出したり統制したりするのではなく、子どもたちが自ら進んで勉強したり、道徳性を身につけていくことを理想的な教育とみなす考え方は、とりわけルネサンス以降の西洋教育思想にみられるひとつのきわだった理想として、大切に読み継がれてきた。しかし、じっさいには、このような考え方は、その内部に矛盾を抱え込んでいた。一見すると子どもたちが自由にふるまっているかに見えるその背後で、ありとあらゆることを教師があらかじめ整え、統制しているからこそ、社会的に意味のある教育が成立しているのである。ルソーもまた、そのことを自覚しており、自らの言葉でそれをはっきりと述べている。このような近代教育思想の内部に潜む矛盾に焦点をあてながら、ベアトリス・デュランは、『エミール』の作品世界には手に負えない子どもたちがたくさんおり、教師の権威が常に脅かされていることを指摘している[*68]。たしかに、教育学者たちや教育関係者たちはあまり目を向けないけれども、暴君、反抗、専制君主、反乱者、腹黒といった暴力性を含んだ語彙が『エミール』のなかで子どもと結びつけられて用いられていることには、注意を払う必要があるだろう。

ルソーによる教育の原理原則として有名な「消極的教育」についても、その独自性、独創性を強調しすぎることは問題である、と指摘されている。クリストフ・マルタンは、広めにとった一八世紀、すなわち、一六六〇年から一八〇〇年ごろを目安に、さまざまな作品と『エミール』の共通点に注目して、消極的教育の基本的なモチーフがすでに文学作品の系譜のなかに存在しており、革新的なところはほとんどない、と指摘する。この研究は、『エミール』に影響を与えたかもしれない数多くの作品のカタログとして、貴重であると思われる。[*69]

これらの研究は、先に触れたモールの優れた研究とともに、残念ながら、日本ではまだ十分に紹介されているとはいいがたい。こうした海外の新しい研究動向もふまえて、『エミール』研究をさらに深化させることは、今後の課題である。

*1 ジャン＝ジャック・ルソー、『告白』第一巻、『ルソー全集』第一巻、一七ページ。
*2 『告白』第一巻、『ルソー全集』第一巻、一八ページ。
*3 『告白』第一巻、『ルソー全集』第一巻、二一ページ。
*4 『告白』第二巻、『ルソー全集』第一巻、七三ページ。
*5 ジャン＝ジャック・ルソー、『人間不平等起源論』、坂倉裕治訳、二二ページ。
*6 『告白』第一巻、『ルソー全集』第一巻、四一ページ。
*7 『告白』第二巻、『ルソー全集』第一巻、七四ページ。
*8 『告白』第六巻、『ルソー全集』第一巻、二九四ページ。
*9 『告白』第八巻、『ルソー全集』第一巻、四一八ページ。
*10 『告白』第七巻、『ルソー全集』第一巻、三一九ページ。
*11 『エミール』序文、五ページ。
*12 Peter D. Jimack, *La genèse et la rédaction de l'Émile de J.-J. Rousseau*.
*13 ルソー関係の書簡については、『ルソー書簡全集』(*Correspondance complète de J.-J. Rousseau*, 52 vol., 1965-1998) の書簡番号によって出典を指示する。『ルソー書簡全集』

一五二九、一五三五、一五四六、一五五三、一五五四、一五五六、一五六七、一五七一、一五八〇、一五八三、一五八七。

*14 『ルソー書簡全集』一五四八。

*15 『ルソー書簡全集』一五七一、一五七二。

*16 『ルソー書簡全集』一六〇五。

*17 『ルソー書簡全集』一五四八。

*18 Jo-Ann E. McEachern, *Bibliography of the Writings of J.-J. Rousseau to 1800*, t.II.

*19 『エミール』の出版にマルゼルブがどのようにかかわったのかは、次に紹介されている。木崎喜代治『マルゼルブ』、一一七−一三一ページ。

*20 『ルソー書簡全集』一七八三、一七八九、一七九八、一八〇二。

*21 『ルソー書簡全集』一七八九。

*22 『ルソー書簡全集』一八三〇。

*23 『ルソー書簡全集』一八二四、参照。

*24 『ルソー書簡全集』第一〇巻、三一三ページ、編者注b、参照。

*25 『ルソー書簡全集』二二九七。

*26 『エミール』が出版されるまでの経緯、正規初版本の特徴について、くわしくは次を参照。坂倉裕治「『エミール』の初版本認定指標」。

*27 『ルソー、ジャン=ジャックを裁く—対話』第三対話、『ルソー全集』第三巻、二九三ページ。

*28 『ルソー書簡全集』三五六四。

*29 Laurence Mall, Emile *ou les figures de la fiction.*

*30 Yves Vargas, *Indroduction à l'Emile de J.-J. Rousseau*, pp.278-279.

*31 ジャン=ジャック・ルソー、『エミール』第四編、二六〇ページ。

*32 『エミール』第三編、一七〇−一七四ページ。

*33 『エミール』第三編、一八一ページ。

*34 『エミール』第三編、一九〇ページ。

*35 『エミール』第二編、七八−八一ページ。

*36 『エミール』第二編、八一−八二ページ。

*37 『エミール』第二編、一三三−一三五ページ。

*38 『エミール』第二編、一〇八−一一三ページ。

*39 『エミール』第三編、一七〇−一七四ページ。

*40 『エミール』第二編、一一六ページ。

*41 『エミール』第三編、一七〇ページ。

*42 『エミール』第五編、五〇七−五〇八ページ。

*43 この問題について、さらに考えてみたい読者は、次を参照されたい。吉岡知哉「『エミール』とそら豆」。

*44 この小品について、くわしくは、次を参照。坂倉裕治「涙ながらに読む書簡——ルソー『エミールとソフィ』をめ

ぐって」。

*45 『エミール』第五編、四六七ページ。

*46 『エミール』第四編、二三四―二三五ページ。

*47 中江兆民の『民約訳解』においては、理想の国家における法の原理原則について論じた『社会契約論』の前半部分だけが訳出され、後半部分は訳されていない。井田進也「『民約訳解』中断の論理」、参照。

*48 『エミール』第五編、五〇二―五〇三ページ。

*49 『エミール』第二編、原注五〇、五七三ページ。

*50 『エミール』第二編、原注一九、五六八ページ。

*51 『エミール』序文、七ページ。

*52 Jean-Jacques Rousseau, *Emile, ou de l'éducation : extraits comprenant les principaux éléments pédagogiques des trois premiers livres*, avec une introduction et des notes par Jules Steeg.

*53 Jean Jacques Rousseau, *Emile, or Concerning Education : Extracts containing the principal Elements of Pedagogy found in the first three books*, with an introduction and notes by Jules Steeg, translated by Eleanor Worthington.

*54 くわしくは次を参照。坂倉裕治「日本における『エミール』の初訳—菅學應の抄訳（一八九七年）を読む—」。

*55 *Rousseau's Emile, or Treatise on Education*, abridged, translated and annotated by William H. Payne.

*56 J.-J. Rousseau, *Emil oder ueber die Erziehung*, übersetzt von Hermann Denhardt, 2 Bde.

*57 くわしくは次を参照。坂倉裕治「日本における『エミール』の初期翻訳—山口小太郎・島崎恒五郎の抄訳（一八九九年）を読む—」。

*58 （法國）約罕若克盧騒著『教育小説愛美耳鈔』（日本）山口小太郎、島崎恆五郎譯、（日本）中島端重譯。中島は、いくつかの著作の扉に通称の「端」と記している。また、「斗南」のほか「勿堂」など複数の号を用いている。その人柄については、敦の小説『斗南先生』に、生き生きと描かれている。

*59 J.-J. Rousseau, *Emile, or Education*, translated by Barbara Foxley.

*60 くわしくは次を参照。坂倉裕治「日本の近代化と『エミール』—三浦關造の抄訳を中心に—」。

*61 原聡介「戦前のわが国におけるルソー教育思想のとらえ方」、三〇八ページ、参照。

*62 J.J. Rousseau, *Emile*, übersezt und erläutert von E. von Sallwürk, mit einer Biographie Rousseau's von Theodor Vogt.

*63 沼田裕之『ルソーの人間観—『エミール』での人間と市民の対話』。

*64 森田伸子『子どもの時代—『エミール』のパラドックス』。

*65 坂倉裕治『ルソーの教育思想——利己的情念の問題をめ

ぐって』。

＊66　川合清隆『ルソーの啓蒙哲学』。

＊67　André Charrak, *Rousseau. De l'empirisme à l'expérience.*

＊68　Béatrice Durand, *Le paradoxe du bon maître*, p.18.

＊69　Christophe Martin, *« Éducations négatives » : fictions d'expérimentation pédagogique au dix-huitième siècle.*

第2章

『エミール』が語る「真理」

真理を語ることは、ときに生命がけである。
ルソーが伝えようとした真理は、
人に見せびらかすための衒学的知識とは無縁である。
人類が不幸を避けるために、どうしても伝えなければならないものだという。
本章では、文明社会に生きる人間たちが、
なぜ、不幸で惨めになったのか、という問題に注目しながら、
『エミール』に記された思想構造を読み解いていく。

1 自然にかなった秩序

真理のために生命を捧げる

ローマの詩人ユウェナリスの『風刺詩集』第四編九一行からとられた「真理のために命を捧げる（Vitam Impendere Vero）」という言葉を、ルソーは座右の銘に選んだ。[*1] 真理を語ることは、ときに生命がけである。とくに、強大な権力や財力を握っている人たちにとって都合が悪い真理を語るときには、さまざまな危険がついてまわる。ルソーは、政治的権威にも宗教的権威（教会）にも屈することなく、真理を語ろうとした。知人に宛てた手紙のなかで、「真理のために苦しむことほど、偉大なこと、美しいことを私は知りません。私は殉教者の栄光を心から求めています[*2]」と、したためている。『エミール』はフランスでもジュネーヴでも焚書となった。パリ大司教からも、ローマ教皇庁からも断罪された。教会の権威や教会が教える教理を否定する記述があったからである。さらに祖国ジュネーヴでは、『エミール』とともに『社会契約論』も焚書となった。本来の最高議決機関を骨抜きにして共和国の実権を握っていた人たちにとって、都合が悪い記述があったからである。

ルソーは「人間たちに向かって真理を説く悲しい役割[*3]」を担っていると自覚していた。ルソーは人類の教師になろうとしたのである。

私の著作をお読みになって、ご自身で判断してください。読みながら、もしあなたの心が、人類をこのように教育しようとする有徳で確固とした人間にくりかえし祝福を与えないとすれば、それはあなたにとってなんと不幸なことでしょう。[*4]

自分が伝えようとする真理には、「人類の幸福」がかかっている、とルソーは考えていた。[*5] ぜひとも自分の著作が「正しく」読まれる必要があった。どうしても、作品にこめられたルソーの真意に共鳴する読者が必要だった。

私たちの約束を思い出していただきたい。あなたが衒学者(げんがくしゃ)でしかないなら、私の本を読むには及ばない。[*6]

ルソーが伝えようとした真理は、人に見せびらかすための衒学的知識とは無縁である。人類が不幸を避けるためにこそ、どうしても知ることが必要なものなのだ、とルソーはいう。残念なことに、「真理のためのたたかい」は、二五〇年余りを経たこんにちなお、終わっていないように筆者には思われる。

不幸とのたたかい

誰もが死にたくはないと思い、幸せになりたいと願う。それは、おおよそものを感じる能力を持ったあらゆる存在が生まれてきたゆえんであり、自己愛（自己を保全しようとする欲求）を持つことは自然にかなっている。けれども、どこに幸せがあるのかを知っている人は必ずしも多くはない、とルソーはいう。見つかるはずのないところにまぼろしの幸福を追い求め、手が届くところにある、ほんものの幸福をとり逃がしているのだ、という。

『エミール』のなかで、教育という人為（art：作為、技術）をルソーが「幸福」とのかかわりで論じるのは、おおよそ人間が不幸で惨めな状態にあるという認識があるからである。幸福を遠ざけるもの、人間を不幸で惨めにしているものがなんであるのかを明らかにし、これを避けるために配慮することこそが、ルソーの思想の眼目だった。

ルソーが考えた幸福とはどのようなものだったのだろうか。それを理解するための有力な手がかりとなるのが、「強さ」と「弱さ」という二つの語が指し示す関係性である。人間の強さ、弱さとは、その語が適用される関係に照らしてみて、はじめて意味を持つのだ、とルソーはいう。自分の欲求を自力で満たすことのできる者は強く、自力で満たすことのできない欲求を持つ者は弱い。人間の赤子は、生存に欠かせない生理的・身体的欲求さえ自力では満たすことができない無力な存在である。

私たちは弱い者として生まれる。私たちには力が必要だ。私たちは何も持たずに生まれる。私たちには援助が必要である。私たちは愚かなものとして生まれる。私たちには判断力が必要である。私たちが生まれたときには持っていなかったもので、大人になって必要となるものはすべて、教育によって我々に与えられる。*7

この一節は、人間は「学ぶ能力を持って生まれてくる」*8という一文とともに、教育の効用に光をあてようとする人たちを勇気づけてきた。しかし、ルソーは教育を必ずしもありがたいこととは考えていないように見える。むしろ、子どもの弱さに配慮することよりも、子どもの周囲にあって、子どもを導こうとする、当の大人たちが、はるかに弱い存在になってしまっていることの方が、よりいっそう問題とされているのである。ルソーは人間を身体と精神の二つの本質を持った存在ととらえる。そのうえで、次のようにいう。

力と健康と自分に対する〔自分の良心の〕肯定的な証言を除いてみよ、この世で幸福とされるすべては社会通念のなかにある。身体の苦痛と良心の呵責を除いてみよ、すべての不幸とされるものは想像によるものにすぎない*9

社会通念のなかにあるもの、想像によるものとは、じっさいにはありもしないにもかかわらず、あると思い込んでいるだけのものだったり、じっさいには取るに足りないものであるにもかかわらず、すばらしいものだと思いちがいをしているものを意味する。ルソーが認めるほんとうの真の幸福とは、身体については自らの欲求を満たす力があることと、心地よいこと（たとえばおいしいものを食べること）を楽しむために必要不可欠な健康だけである。精神的な幸福については、自分がよい人間だということを自分の良心が認めること以外に、ほんとうの幸福などない。しきたりにしたがって人間が人間に与える栄誉も、ほかの人たちを圧倒する財力や権力も、ほんとうに人間を幸せにするためには役に立たない。また、ルソーによれば、ほんとうの不幸とは、身体に耐えがたい痛みを感じることと、自分が悪しき人間であると責めたてる自分自身の良心の呵責がもたらす精神的な苦しみだけである。しかし、多くの人たちは、妄想や偏見にとらわれて、偽りの欲望、かりそめの快楽をいそがしく追い求めてやまない。

このような文脈でルソーがしばしば用いる「妄想（fantaisies）」という語は、「見えないものを見せる」という意味の古典ギリシア語に由来し、「お化け（phantom）」とも同じ根を持っている言葉である。ルソーの作品においては、実態のない、とほうもない空想、幻想、特定の時代の特定の集団でだけ価値があると思われている文化的につくられた欲望、根拠も実質も伴わない「いつわりの欲望」という意味で用いられている。それは、自然のなかに根拠を持たない、「理由のない欲望」である。[*10]

自然にかなった欲求と文化的な欲望

自然にかなった欲求、すなわち生理的・身体的根拠がある欲求と、特定の時代に特定の集団のなかでのみ意味を持つ文化的欲望とを、ルソーははっきり区別する。「自然から直接に由来するもの」と「社会通念に由来するもの」をしっかり区別することが大切である、と『エミール』のなかでくりかえし指摘されるのは、そのためである。

「身体的欲求」といったばあいに「身体的」と訳されるphysiqueの語は、「自然」を意味する古典ギリシア語のピュシスに由来する。ルソーによれば、自然にかなった生理的・身体的欲求は、たやすく満たされる。『人間不平等起源論』においても、自然が提供する豊かな実りによって、空腹はいとも簡単に満たされる、と記されていた。自分が食べようとして手をのばした果実を、誰かが先にもいで食べてしまったとしても、別の果実に手をのばせばすむことで、食べものをめぐって争うこともない。[*11] 政治社会(国家)が成立する以前の自然状態において、群れをなすことなく森のなかに散らばって、ひとりきりで生きていたと想定される野生人は、自分と他人を比べることなどないし、優劣や美醜といった抽象的観念も持たない。男性と女性も偶然に出会い、必要に応じて性的な欲求を満たし、必要がなくなれば、そのまま分かれて二度と会うこともなかったという。特定の相手に特別な感情など持たない野生人のあいだでは、パートナーを取り合って争うこともありえない。[*12] 多少のいざこざはあったとしても、特定の相手を見分ける能力もない野生人は、執拗な恨みを持つこともなく、復讐も戦争も企てることがない。

しかし、文明化された社会のなかで生きる人々は、お腹がふくれれば満足するというわけではない。他人よりも早く、他人よりもたくさん、他人が手に入れられないめずらしいものを、と欲望はとめどなく大きくなっていく。ひとつ望みがかなえば、すぐに別のものが欲しくなり、決して満たされることはない。

たとえば、少しでも早く楽しみたいと、ボージョレ・ヌーボーの解禁日に高級ホテルに赴く人たちがいるという。しばし立ちどまって考えてみよう。ぶどう酒のなかには、温度と湿度が適切に管理された場所で保存すると、時を重ねるほどに、かおりと味わいが増すものが少なからずある。しかし、適切な環境のもとで保管しておいても価値が増すことがない種類のぶどう酒もあり、こうしたものは、つくりたてを飲んでしまうことになる。もちろん、好みは人それぞれである。たとえば、ボルドーなどでつくられる力強いぶどう酒を得意としない人たちが、好んでボージョレ・ヌーボーを飲むようなばあい、新酒を好むことには生理的な根拠があるとみてよいかもしれない。しかし、本場のフランスの人たちよりも先んじて飲めるという優越感を感じるために、いち早く新酒を飲みたいと望むのであれば、それは身体的・生理的な根拠を持った欲求ではなく、文化的につくられた欲望である。このような欲望を覚える人たちなら、解禁日に一流ホテルのバーで飲むことに、格別の喜びを感じるかもしれない。ルールに違反して、自分よりも先に飲んでしまった人がいることを知ったとすれば、悔しい気持ちになるかもしれない。

文化的欲望をかきたてるしくみは、私たちの生活のそこかしこに認められる。人気が高いゲーム・シリーズの新作、新型スマートフォン、新たなオペレーション・システムなどの発売日には、未明から店頭に行列ができることもめずらしくない。寒さに震えながら数時間をすごす苦痛に見合うだけの喜びを手に入れられるのかどうか、人によって評価はさまざまであろう。期間限定、地域限定、数量限定などといった生産者側の設定によって、あるいは天災や事故によって品薄になるといった事情によって、ある商品が入手しづらいという情報が流れると、入手するのが難しいということじたいが、その商品をどうしても手に入れたいという欲望をかきたてることもある。こうした欲望は、ときに、品薄商品の買い占め、法外な高値での取り引きなど、正気を失ってしまったのかと見紛う行動をとらせてしまうこともめずらしくない。

一九九三年、記録的な冷夏のために米が大変な不作となり、品薄となった米の値段が暴騰した。タイ、米国、中国などから大量に米が緊急輸入されたものの、食べ慣れた日本米とは大きく異なる種類の米、たとえば、タイ米は売れ残って過剰な在庫となった（のちに、売れ残りが大量に廃棄されたらしい）。まだ大学院の学生だった私は、信じがたいほど安い値段で買ったり、なにか別の品物を買ったときにおまけにつけてもらったタイ米で、カレーやピラフを楽しんだのを覚えている。留学生からおいしい食べ方を教えてもらえたのも、幸運だった。せっかく外国から分けてもらった食べものを、よく知りもしないで、おいしくないと決めつける人がいることに、疑問を覚えた。米を譲ってくれたタイでは、米の値段が高くなりすぎて、食べられないでいる人たちがたくさんいることを知り、心をいためた。この年、日本では、うどんなどのめん類が、いつもよりも安かったように思う。ほかにいくらでも安くておいしい食べものがあるのに、品薄の米がどうしても欲しくなるのは、なぜだろうか。このとき得た教訓がある。通常よりも高く取引される食品の品質は劣っていることがある。安く取引される食品の品質は優れていることがある。いらい、夏のイワシ、秋口のサンマなど、旬の時期に安く出まわる食品を好んで食べ、極端に値段が高くなった食品には目を向けないようになった。そうしているうちに、結果的に、多くの人が右にいけば自分は左へ、多くの人が左にいけば自分は右へ、と流行や混雑を避けるようになった。

支配と服従

『エミール』に登場する理想的教師は、妄想（生理的根拠のない欲望）に対して厳重に警戒し、これを生徒から遠ざけようと、周到に配慮する。世間で行われている教育のありようをみれば、赤子のまわりにいる大人たちが、赤子を泣かせないようにするために赤子の妄想のいいなりになってみたり、逆に赤子をおどして自分たちの妄想にしたがわせたりしようとする。どちらのばあいも、大人たちはそうとは知らないうちに、赤子に支配と服従の関係を教え、他人に対して命令することを教えてしまっているのだ、とルソーはいう。

自然にかなったあり方にあっては、幼い子どもが持つはずのない情念や欲望が、不用意な大人たちが与えた恣意的な教育、自然から外れた教育のせいで、持ち込まれてしまう。それにもかかわらず、子どもたちの悪さを自然の責任にして、しょせん人間とはそのようなものなのだ、と考える傾向がある。ルソーは力強い言葉で、このような大人たちの思いちがいを正そうとする。当の子どもたちにはとうてい理解できない言葉や、なんの役にも立たないことがらをこれでもかと記憶させて、子どもたちの頭をいっぱいにさせてしまうのも、自分が有能であることをこれ見よがしに見せつけたいと望む大人が、子どもたちを利用しようとするからである。放っておけば、いずれときがきて子どもたちが自ら学べることを、ときに先んじて教えようとすると、子どもたちは、自ら学び、自らのうちから生きるために役立つものを引き出すことを学び損ねてしまう。それればかりか、言葉巧みに周囲の大人たちに命令する暴君となるかもしれない。人々が賞賛する学識を詰め込まれたために、良識を働かせる術を失い、自らの無能ぶりを隠して傲慢に生きるようになるかもしれない。人間は生まれながらにして邪悪で悲惨な存在だなどと主張する人たちは、あやまった教育がもたらしたものを、自然に子どもに備わった性質だと見誤ってしまっているのである。これこそ、「妄想から生まれた人間[*13]」である。

成長するにしたがって、体力が増すと、不安になることや、落ち着かないことも少なくなり、いっそう自分自身のうちにとじこもるようになる。魂と身体は、いわば均衡を保つようになり、自然は自己の保全に必要な運動だけを求めるようになる。しかし、命令したいという欲望は、この欲望を生じさせた欲求が満たされても消えはしない。支配は利己愛を目覚めさせ、媚びる。習慣が利己愛を強固にする。こうして、妄想が欲求にとってかわり、偏見と社会通念が最初の根を張るのである。*14

自己の保全を求める「自己愛」と、妄想が目覚めさせる「利己愛」のちがいについては、のちにくわしく説明することにしよう。想像力は、根拠のない欲望を満たすことができるかもしれないという期待をいだかせ、妄想をどこまでもふくらませていく。妄想にとらわれた人を満足させることは、ほとんど不可能である。いつわりの欲望を多く持つ人は、それが満たされないために苦しみを覚える。欲しいものが自力では手に入れられない、弱い存在となってしまう。他人と自分を比べて、他人よりも優位に立ちたいと望む人もまた、妄想をふくらませることになる。自分ひとりの力では満たすことのできない欲望を持てば、どうしても他人の手を借りないではいられなくなる。そうすると、自分を助けてくれるはずの人に従属しないではいられなくなる。その人の顔色をうかがい、ご機嫌をとらなければならなくなる。こうして、人間は、そうとは気づかないまま、支配と服従の関係にからめとられてしまう。支配することを望んだがために、多くのばあい、そうとは知らずに、他人に服従しないではいられなくなる。こうして、ますます惨めに、不幸になっていくのだ、とルソーはいう。

私たちが求めるもの、避けるものは、自分ひとりでいるときと、まわりにいる人たちの視線を意識したときとでは、まったく異なってくることもめずらしくない。社会通念（偏見）、人間がつくりだしたさまざまなしきたりによって、身体的・生理的根拠を持たない文化的な欲望がかきたてられる。自力では満たすことのできない「妄想」に追いたてられ、想像力がふくらませたとめどない期待を抱いて、文明社会に生きる人々は、いつわりの欲望を満たそうとして他人に依存しないではいられない、惨めな存在になってしまった。

さらに、想像力は、自分と他人とを比較させ、他人よりも幸せになりたいという欲望、他人に抜きん出たいという欲望、他人から尊重され、羨ましがられる存在でありたいという欲望をかきたてる。ときには、他人の目に幸せそうに映っていることを気にかけるあまり、じっさいに幸せを実感できる機会をとりにがしてしまうことさえある。生存と幸福を求める人間の本性が歪められてしまう。このような「いつわりの欲望」をかきたてる社会通念、偏見、想像力は、田舎よりも都会において、「貧しい」人たちの間よりも「豊かな」人たちの間において、より強く働くのだ、とルソーは指摘する。生活が洗練されればされるほど、他人と自分を比べて優劣にいっそうの関心を持つようになり、さらに生活を洗練させたいと望むようになるからである。

おおよそ私たちの智恵は、卑屈な偏見からなっている。おおよそ私たちの慣習は、屈従と束縛と強制にほかならない。政治社会の人間は、奴隷状態のうちに生まれ、生き、死ぬ。生まれると産着にくるまれる。死ぬと棺桶に閉じ込められる。人間の姿をしている限り、私たちがつくりだしたもろもろのものにしばられている。[*15]

当時、赤子を布でぐるぐる巻きにして、身動きひとつできなくしてしまう習慣があった。貴族の家に生まれた赤子は、しばしば、乳母を雇って館で育てられた。雇われた乳母は、自分自身の子どもをより安い賃金で雇える乳母に預けた。身分が低い乳母たちは、たくさんの赤子を預かったうえに、農作業もしなければならなかった。ずっと見守っているわけにはいかない。布で身動きできなくされた赤子たちは、壁に引っかけられたまま何時間も放置されていたのである。産着を批判し、母親の母乳で赤子を育てることが大切である、とルソーが訴えたのは、このような自然にそぐわない習慣のために、多くの赤子が苦しめられ、命を落としていたからである。子どもを身動きひとつできないほどにしばりつけた当時の産着に象徴されるように、人間を不幸で惨めにしている原因は、ほかならぬ、人間がつくりだしたものである。社会通念や偏見にとらわれた人たちの目を覚まそうと、ルソーは手を変え品を変え、くりかえし読者に訴えたのである。

人間の本源的善性

『エミール』第一編の書き出しは次のようになっている。

万物をつくる者の手をはなれるときは、すべては善であるが、人間の手にうつると、すべては損なわれる。人間は、ある土地で別の土地の作物を育てようとする。ある木に別の木の果実を実らせようとする。風土、環境、季節をごちゃまぜにする。飼い犬や馬や奴隷の体を損なう。すべてをひっくり返し、すべてを歪めてしまう。奇形と怪物を好む。なにものも、人間さえも、自然がつくったままにしておかない。飼っている馬と同じように人間を調教しないではいられないし、庭の木と同じように好みにあわせて人間をねじまげないではいられない。[*16]

「すべては善（tout est bien）」という一句には、「最善観」にかかわる内容が含まれている。「最善観（optimisme）」の語は、英語のbestに相当するラテン語optimasに由来する。ルソーの時代、この主張の主要な論者として知られていたのは、ライプニッツであった。善意と慈悲にあふれる全知全能の神は、おおよそ存在することが可能なありとあらゆる世界のなかでも最善のものとして、この世界を造ったはずである。それゆえ、神が造ったこの世界にあって、「すべてが善である」[*17]。

ライプニッツの最善観は、一八世紀フランスにおける文壇の大御所、ヴォルテールによって辛辣な嘲笑の対象となった。小説『カンディード、または最善観』（一七五九年）を見てみよう。カンディードは、叔父であるウェストファリアの男爵の館で、家庭教師のパングロス博士の「すべては善」という学説を教えられ、それを疑うことなく信じている。この主人公の名前は、フランス語で「純真無垢」、「無邪気」、「世間知らず」といった意味を持っている。いとこのキュネゴンド姫への恋心が明るみにされて館を追われた青年は、放浪生活を送るうちに、この世界にあふれる戦争、病、大地震、宗教裁判、拷問、ありとあらゆる暴力を目のあたりにする。旅の途中で合流したパングロスから、叔父の館も戦争で焼かれたことを聞く。ポルトガルでキュネゴンド姫と再開したカンディードは南米に向かうも、さらなる災難が待ち受けており、二人は生き別れとなる。カンディードはついに黄金の理想郷エル・ドラドにたどりつく。しかし、どうしてもキュネゴンド姫を忘れられず、ヨーロッパに戻ってくる。度重なる苦難のために美貌が失われ、気難しくなってしまった姫、相変わらず「すべては善」と言い張る旧師パングロスと再会したカンディードは、この世にあふれる悪と苦しみを知ったため、もはや最善観など信じない。全編を通じて、パングロス博士の現実離れした教えが、巧みな皮肉を交えて笑い飛ばされるしくみになっている。そもそも、パングロスという名は、「すべて、なんでも」と「舌」を意味するギリシア語を組み合わせた造語で、「たわいもないことを話す」といった意味になる。

ヴォルテールはさらに、『哲学事典』(一七六四年) の項目「すべては善」で、次のように述べている。

この『すべては善』であるとする体系は、己の計画を実現するためなら、四、五〇万もの人間たちの生命を犠牲にし、そのうえ、他にも飢えと涙のうちに生きる人間たちがいることを意に介さない、強大な権力を持った悪意ある国王として、自然全体の造り手を描くことしかしない。／したがって、この世が可能な世界のなかで最善の世界であるという意見は慰めとなるどころか、それを支持する哲学者にとって絶望となる。善悪の問題は、誠実に研究する者にとって、なお解決しがたい混沌のままである。*18

ライプニッツの最善観をヴォルテールが激しく批判した背景として、一七五五年一一月一日、リスボンを中心に大きな被害を残した大地震が決定的に重要である。正確な数字はわからないものの、津波による死者約一万人を含むと、五万五千〜六万二千の人たちが死亡したと推定されていた。ヴォルテールは『リスボンの災禍についての詩』（一七五六年）で次のようにいう。

おお、不幸な死すべき者たち！　おお、嘆かわしい大地！（中略）
「すべては善」と叫ぶ思いちがいをした哲学者たちよ、
ここに駆けつけ、見つめるがよい、このぞっとするような廃墟を
この瓦礫を、この残骸を、灰と化した不幸な人たちを、
折り重なった女たち、子どもたちを*19

ライプニッツは教えてくれなどしない、いったいどんな見えざる縁（えにし）によって
可能な世界のなかでも最も善く秩序づけられた世界で
永遠の無秩序と不幸からなる混沌が
現実の苦痛を我々の虚しい快楽に混ぜているのか、

いったいなぜ、罪なき者も罪人も等しく
この避けがたい不幸を被っているのか[20]

これに対して、ルソーは『ヴォルテール氏への手紙』（一七五六年）を書いて、次のように批判した。個別的な悪と一般的な悪とは区別しなければならない。「全体としては善である（Le tout est bien）」または、「全体にとってすべては善である（Tout est bien pour le tout）」というのが適切で[21]、個別具体的には、苦しみに見舞われている人たちがいることは否めないし、そうした人たちをそのまま放置しておいてよいというわけでもない。しかし、現実の世界に存在する悪（苦痛、不幸、病）の責任を神に問うのもまちがっている。それは、人間たちが自ら招きよせたものであり、真剣に避けようと望めば、避けることもできたはずなのである。高い建物を密集させて大都市を築くのではなく、分散して生活していれば、大地震がもたらす被害はずっと小さかったはずである[22]。文明社会の成立とともに、地上に悪が持ち込まれる様を描いた『人間不平等起源論』は、まさに、人類がどのようにして自ら不幸を招いたのか、どのようにすれば不幸を避けうるか、を問うた著作であった。ルソーによれば、地上に存在する悪、不幸、苦痛を生み出しているのは、神ではない。神がつくったままの人間の本性に由来するものでもない。神の摂理の外で、人間が自然につけくわえた人為、技芸の進歩、政治社会が生み出したさまざまなしくみが、自然の秩序を歪めた結果として生じたものなのである。

旧約聖書の「創世記」によれば、善意にあふれた全知全能の神は、無から（なんら制約なしに）この世界を創造した。新約聖書の「ヨハネによる福音書」の冒頭には、「アルケーにおいて、ロゴスがあった」とある。ソクラテス以前に活躍した、イオニアの自然哲学者たちがアルケー（世界のおおもと、始原にあるもの）を探求したことはよく知られている。ある哲学者によれば、アルケーは水であった。別の哲学者によれば、アルケーは火だった。「ヨハネによる福音書」の冒頭では、「アルケーにおいて、ロゴスがあった」という。善意に満ちた全知全能の神が造った世界には、秩序（ロゴス）がいきわたっている。万物にはそれぞれ、世界のなかで占めるべき適切な位置がある。地上を支配すべく神から精神を吹き込まれた人間は、この秩序を理性（ロゴス）によって理解し、言葉（ロゴス）によって表現できるはずだった。

　しかし、現実にはまったく異なった事態となっているように見える。神が造った世界のなかで、万物が協力して秩序を維持している。しかし、人間たちだけが、指定された位置にとどまることができずに、世界の秩序を乱している。現実の社会において、人間たちが不幸で惨めな、いわば病にかかった存在だとしても、それは神の責任ではない。このように、悪（病）の原因を神に求めない立場を「弁神論」または「神義論」という。

　ここで、フランス語を含むラテン系の言語においては、病、悪、苦しみといった意味が、ひとつの同じ言葉で示すことができることに注意しておきたい。対となる語についても同様で、善と幸福は同じ言葉で表わすことができる。そもそも、神が造ったままの人間の本性に悪（病）の原因があるはずはない。神が造った世界の秩序を乱す原因となるものは人間の本性のなかにはなにもない。「人間の本源的善性」と呼ばれる、この主張こそが、自分の諸著作の根底にある根本原理である、とルソーはくりかえし述べている。

「人間の本源的善性」の主張は、当時の言葉で「自然宗教」または「有神論」、学説史の用語では「理神論」と呼ばれる宗教的立場を背景としている。ルソーの自然宗教論は、『エミール』第四編に挿入された「サヴォワの助任司祭の信仰告白」と題されたくだりに、まとまった記述が見られる。人間にとって知ることが重要なのは、世界全体がそれ自体としてなんであるか（形而上学的真理）ではなく、秩序ある世界との関係において人間が何であり、なにをなしうるか（倫理的真理）である。教会の権威や礼拝の作法にとらわれずに、自分の理性が受け入れられる教義だけを信じるという助任司祭の信仰は、次の三点にまとめられる。①宇宙を動かし自然に生命を与える神が存在すること。②物質に秩序ある運動を与える神の意志と英知が存在すること。③能動的で自由な人間は物質とは異なる本質（精神）を持つこと。

このような「信仰」は、楽園を追われたアダムの罪を背負って人間が生まれてくるとする「原罪説」をはじめ、カトリック教会の主要な教義と対立し、教会の権威や存在意義を否定するものだとみなされた。ソルボンヌ（パリ大学神学部）に告発され、パリの大司教ボーモンの教書による断罪、ローマ法王庁による禁書処分を受け、さらに教会関係者や神学者たちから激しい論難にさらされた。ルソーは、フランスを逃れ、祖国ジュネーヴに向かった。しかし、祖国でも『エミール』と『社会契約論』が焚書となり、スイス、イギリス、フランスを転々とする逃亡生活を強いられることになったのである。

逃亡生活のなかで、ルソーは自己弁護のための反論を書いている。教会、聖職者、聖書の権威を否定する「無神論者」としてルソーを非難し、私生活をスキャンダルとして暴いたパリの大司教に反論した『ボーモンへの手紙』では、『エミール』で展開された教育の意味や宗教論が整理された形であらためて提示されている。目あたらしい主張はほとんどないものの、いわば著者自身による『エミール』の解説書として活用することができる。さらに、この著作では、自らの性格と生きざまが思想と積極的に結びつけられて語られていることも注目される。生涯と思想を結びつけた自己弁護の試みは、『告白』、『対話』、『孤独な散歩者の夢想』といった自伝的著作のなかでも、くりかえされることになる。

また、ルソーに対する処分の違法性を訴えたジュネーヴ市民有志に反駁した検事総長トロンシャンの『野からの手紙』に対する反論『山からの手紙』では、宗教と政治という二つの問題を論点として自己弁護が試みられている。普遍的な人類愛につながる「真のキリスト教」を擁護するとともに、神を信じるには、自分自身の内にある感情（良心）の声を聞くだけで十分であり、神が存在する証拠として預言や奇跡を持ち出す必要などまったくない、とルソーはいう。また、ジュネーヴの政治を歴史的に考察しつつ、ルソーを擁護した市民有志たちを支持して、当時のジュネーヴ政府の為政者たちは不当に権力を簒奪している、と非難している。

消極的教育

「人間の本源的善性」の主張にもとづいて、家庭教師が子どもに与えるのは、もっぱら消極的な教育である。

私が証明したと信じているように、人間がその本性によって善良であるなら、当然、人間に無縁のものが人間を変えない限り、人間は善良なままであることになる。人間たちが邪悪であるとしても（中略）、その邪悪さは外部から来ることになる。それゆえ、悪の入口を閉じるがよい。そうすれば、人間の心は常に善良であるだろう。この原則にもとづいて、私は消極的教育を最善の、あるいはむしろ唯一の良い教育としてうちたてた。（中略）年齢に先立って精神を形成し、子どもに大人の義務についての認識を与えようとする教育を、私は積極的教育と呼ぶ。私たちに認識を与える前に、諸器官、すなわち、私たちの様々な認識の道具を完成しようとする教育、感覚器官の訓練によって理性を準備する教育を、私は消極的教育と呼ぶ。消極的教育はなにもしないのではない。美徳を与えないとしても、悪徳を予防する。真理を教えないとしても、誤謬から守る。子どもが真理を理解できるようになった時に彼を真理へと、善を愛せるようになった時に善へと導き得るすべてのものを、子どもに準備するのである。*23

競争心、嫉妬心、羨望、虚栄心、貪欲、卑屈な恐怖心といった「危険な情念」によって子どもを美徳へと導こう（悪徳を治療しよう）とする、世間で行われている教育こそが、悪徳や有害な情念を生徒の心のなかに外から持ち込んでいるのだ、とルソーはいう。教師が名声を得るために、教育の成果がいち早く目に見える形であらわれるようにつとめる「積極的教育」への批判は、子どもに神の概念やキリスト教の教理を覚えさせ、子どもをできるだけ早くから道徳に導こうとする、信仰にもとづいた教育をも批判の射程に入れている。

まだ大人の理性（知的理性）を持たず、道徳的行為を行う要件を満たしていない子どもを急いで大人にしようとするのではなく、子どもが子どもとしての生を生きられるように、ひたすら世間から子どもを守ることに徹する「消極的教育」は、「道徳的世界」への扉を完全に閉ざしている。しかし、その意図は、誤謬から保護し、健全な理性を準備することによって、のちの知的・道徳的教育を確実に準備することにあった。しかし、多くの読者は、同書のはじめ三分の一ほどで展開される子ども時代の教育の具体的な手順に目を奪われて、一方ではこれを生徒と教師の信頼関係の証として手放しに称賛し、他方ではこれをあまりに楽観的で現実離れした方法として批判する、というように、極端な反応を示してきた。

『エミール』に対して、同時代の「哲学者たち」が非難の矛先を向けたのは、なによりも、ルソーが人間の本性に「社交性」を認めず、子どもをほかの人間とかかわることなく育てるように主張したことに対してである。しかし、人間の「本源的善性」論ともかかわって、ルソーにあって「孤独」には特別の意味を与えられていることに注意する必要がある。じっさいに自分が幸福である（身近なもので身体的欲求を満たす）ことよりも、他人の目に幸福そうに見える（他人が称賛してくれそうなめずらしいものを手に入れる）ことに重きを置くようになるほどまでに、文明社会で生きる人間たちは、他人の評価や社会通念にとらわれている。その原因は、現実の社会において人間たちがとりむすんでいる関係のあり方が歪んでいることにある、とルソーは考える。現実の人間たちの間の関係のあり方が、人間本性にとって避けることができない必然ではないことを示すために、現実の社会から隔離された生徒がどのように育っていくのかが、ひとつの思考実験として論じられたのである。

偏見に打ち勝ち、事物の真の諸関係に基づいて判断を秩序づける最も確実な方法は、孤立した人間の立場に自分を置いてみること、何事においても孤立した人間が自分自身の便宜を斟酌して判断するように判断することである。[*24]

子ども時代のエミールに与えられる教育によって、自然の秩序のなかで身体的欲求を充足することで得られるはずの、「自然にかなった人間」の幸福が再現される。しかし、それが教育の成果だと主張するのはルソーの立場ではない。むしろ、社会の偏見が「自然のなりゆき」を歪めることがなければ、神の被造物として自然のなかに置かれたままの状態の人間は、自然の秩序を乱すことなく、実り豊かな自然のなかで身体的欲求をたやすく満たすことのできる、善良で幸福な存在であったはずだ、とルソーはいう。人間の不幸（悪、病）の原因は、世界を造った神にも、神が造った人間の本性のなかにもない。それは神の摂理の外で、人間たちが勝手につくり出したものだとルソーはいう。

私たちの不吉な進歩をとりのぞくがよい。私たちの誤謬と悪徳をとりのぞくがよい。人間がつくったものをとりのぞくがよい。そうすれば、すべてが善である。*25

エミールに与えられる教育は、人間を不幸にするもの、自然にかなった生き方をあざわらう社会通念に対して生徒を「武装させる」ための人為（作為）である。「不完全な人為」が人間の本性を傷つけることを防ぐために要請された「完成された人為」である。ルソーが提案する教育は、自然（生徒の本性）を損なう人為（通常の教育、偏見、社会通念）から自然を守るための人為ということができる。神が造った自然のなかに誤りはない。人間に割り当てられた位置を知り、そこにとどまることができれば、現実の社会のなかで人間たちが苦しんでいる不幸（病、悪）は避けることができる。教師の意図に反して生徒に対してなにごとも行われてはならないというほどまでに、家庭教師は生徒をとりまく環境を徹底的に管理している。人間を自然の秩序から逸脱させる不適切な人為の影響力が小さければ、自然を守るための人為がはたすべき役割は大きくはない。不適切な人為がまったく存在しないのであれば、自然を守る人為も不必要となる。手の込んだ人為が生活に入り混んだ、

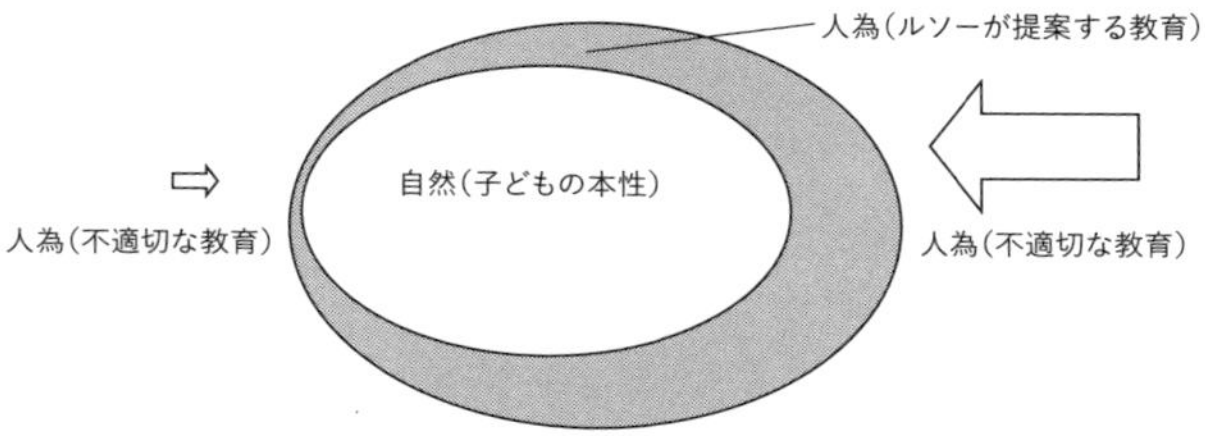

図1　不適切な人為から自然を守るための人為

文明社会の大都会では、いわゆる未開社会や農村よりも、富や権力や地位を持った人たちのあいだでは、そうでない人たちよりも、いっそう強力な人為によって、自然（子どもの本性）を守る必要がある、とルソーはいうのである［図1参照］。そして、「貧しい人たちには教育は必要がない」[*26]というとき、それは、「豊かな人たち」とは事情が異なっていて、「貧しい人たち」は病にかかっておらず、薬や治療は必要がない、といいたかったのである。

隷属状態のなかの自由

若い教師たちに「私」は次のよう指南する。教師のしごととは、子どもが他の人間たちと精神的な関係を持つことがないように周到に配慮することにある。子どもに直接的に働きかけるのではなく、子どもをとりまく事物の背後に身を隠して、自らの意図を子どもに知られることなしに、子どもの本性を損なうものを徹底的に排除することが必要である。こうすれば、子どものまわりには、物的、身体的な関係しか存在しなくなる。このとき、生徒はいつも自分が主人であると錯覚しながら教師に完全にしたがうという、「自由の外見を残した完全な隷属状態」に置かれることになる。

生徒にはいつも自分が主人だと思わせておいて、じつはいつもあなたがた〔教師〕が主人であるようにするがよい。自由の外見を残した隷属状態ほど完全な隷属状態はない。こうすれば、意志さえも取り押さえることができる。なにも知らず、なにもできず、なにも認識していないあわれな子どもは、あなたがたの思うままになるではないか。子どもと関わるかぎりでは、子どものまわりにあるすべてのものをあなたがたが意のままにできるではないか。好きなように子どもの心を動かせるではないか。子どもの勉強も、遊びも、楽しみも、苦しみも、すべて、子どもが知らないうちに、あなたがたの手に握られているではないか。なるほど子どもは、自分が望むことしかしないにちがいない。しかし、あなたがたが子どもにさせたいと望むことしか子どもが望むはずはない。あなたがたが予想しないうちに子どもが一歩でも歩くはずはない。そして、なにをいおうとしているのかをあなたがたが知らないうちに、子どもが口を開くはずはない。[*27]

すべてが教師によって周到に統制された環境のなかにとどまる限り、子どもが自分の意志にもとづいて努力しなくても、自然の秩序から逸脱することはない。自分の能力を越えた欲望を持つこともない。根拠のない文化的欲望には触れず、自分の身の丈にあった生理的身体的快楽で満足している限り、子どもは望むことすべてをかなえることができる。それが子どもに許される最大限の「自由」だというのである。

一見すると、自由にのびのびと好きなことをやっているように見える子どもの背後で、子どもの知らないうちに、子どもの意志をも完全に操作する教師の人為が働いている。子どもには周到に隠されているだけに、いっそう暴力的な人為である。ルソーが提案する教育の暴力性については、『エミール』を〝児童の福音書〟などと礼賛する人たちは、ほとんど完全に読み落としてきたように思われる。あるいは、仮に目に触れたとしても、きっぱりとこれを拒絶してきた。「自由の外見を残した隷属状態」に言及した一節に対して、かつて、ある教育学者は、「もし、このようにして子どもを支配することが新しい教育であり、計画的教育であるなら、我々はむしろそのようなものを元祖のルソーに返上すべきではなかろうか[*28]」と記した。

2 身体的存在から精神的存在へ

『エミール』の構成

生徒の本性にしたがい、可能な限りの「自由」を生徒に与えるために、生徒の「自然の歩み」（発達段階）にしたがう必要がある、とルソーはいう。『エミール』の「体系的部分」とされる「自然の歩み」は、知的能力の発達を基準として判断され、「良い教育の傑作とは理性的人間をつくること[*29]」

だという。人間の知的能力は、およそ次の三つの段階を経て発達するとされる。

①感覚（外界の刺激を五つの感覚器官を通じて受容する能力）の段階
②感覚的理性（子どもの理性、複数の感覚をたばねて単純観念をつくる能力）の段階
③知的理性（大人の理性、複数の単純観念をたばねて複合観念をつくる能力）の段階

触覚、視覚、聴覚、味覚、嗅覚の五つの感覚器官を通じて受け取った刺激がもたらす印象が感覚である。個々に覚える感覚は、その都度、一回限りの経験にすぎない。しかし、経験をくりかえすうちに、似たような感覚をひとくくりにまとめて、ひとつの同類の感覚とみたてて束ねることができるようになる。すると、まとめられた感覚についての単純観念が生まれる。ある一定の幅を持った視覚的な刺激を、私たちは「赤」と呼んで束ねる。赤、青、緑などと束ねられた観念を束ねると、「色」というより抽象度の高い観念がつくられる。色、光の照度などの観念を束ねて、「視覚的感覚」という、さらに抽象度の高い観念がつくられる。「視覚的感覚」、「聴覚的感覚」、「味覚的感覚」などを束ねて、「感覚」という観念がつくられる。このように、観念は言語という記号を介して、階層的な秩序を構成していく。ついには、正義、不正義、適宜性、美醜、価値といった、高度に抽象的な観念がつくられる。観念を形成する知的能力も、経験を通じて順を追って形成されていく。限定なしに「理性」という場合は、「知的理性」、すなわち「大人の理性」を意味する。他の存在者

やその行為について判断する場合、人間はそれぞれの段階に応じて、以下のような基準に従う。

①感覚の段階：快いかどうか（快・不快）
②感覚的理性の段階：自分の利益になるかどうか（適・不適）
③知的理性の段階：幸福や完全性という観念に照らしてどのような価値を持つか

『エミール』の構成もまた、知的能力を順を追って形成していく手順と対応しており、第一編は①の感覚の段階を、第二編は①の感覚の段階から②の感覚的理性の段階への移行を、第三編は②感覚的理性の段階の完成を、第四編と第五編は②の感覚的理性の段階から③の知的理性の段階への移行を扱っている、とみることができる。各編のねらいをまとめると以下のようになる。

第一編：純粋に感覚の段階にある子どもの心身の自由な活動の確保
第二編：感覚器官の訓練としっかりした感覚を基礎とした感覚的理性の形成
第三編：感覚的理性を基礎とした知的理性の形成の準備
第四編：他人との道徳的関係（とくに友情）を通じた知的理性の形成
第五編：他人との道徳的関係（とくに恋愛）を通じた知的理性の形成

「人生の各時期、各状態にはそれ相応の完成があり、それぞれに固有の成熟がある」[*30]とされ、それぞれの段階を充実させることが、次の段階にとって最善の準備となるという立場がつらぬかれている。しっかりとした知的理性を形成するためには、その基礎になっている感覚的理性が鍛えられていなければならない。感覚的理性が健全であるためには、その基礎となる感覚を豊かにする必要がある。そのためには感覚を生じさせる外界の刺激の通路となる感覚器官をしっかり訓練しておかなければならない。ここでルソーは重要度の高い感覚器官から、すなわち、触覚、視覚、聴覚、味覚、臭覚の順に論じている。同時代のコンディヤックの『感覚論』(一七五四年)では、人間とまったく同じ身体組織を持った立像に、重要度の低いものから、臭覚、聴覚、味覚、視覚、触覚の順に感覚器官を与えていくという思考実験が試みられている。五つの感覚器官の重要性について、コンディヤックとルソーがほぼ同様の評価をしていたことは注目される。ルソーはロックやコンディヤックの思想から大きな影響を受けている。しかし、ルソーはコンディヤックを批判して、精神をまったく受動的なものとすることを否定している。この論点は、第四編以降の道徳にかかわる問題との関係で重要である。

『エミール』で示される教育のありようは、生徒がもっぱら身体的(物的)諸関係をとり結ぶことになっている第三編以前と、他の人々との精神的(道徳的)諸関係が導入される第四編以降とで大きく異なっている。最終的には「理性的人間」を形成することをめざす家庭教師は、生徒がただちに知的理性を持つことを求めない。それでは「子どもに大人を求める」ことになってしまう。「子ども時代には、それ特有のものの見方、考え方、感じ方がある」[*31]という観点から、少しでも早く目標を達成する（教師の名誉となることを大切にする）ことばかりにとらわれて、のちに「理性的人間」の形成をたしかにするために必要不可欠な準備教育がどれほど大切であるかが忘れられていることを、ルソーは厳しく批判した。知的理性にもとづいた判断ができない子どもは、その行動に道徳的責任を問われることがないまま、身体的欲求の充足によって幸福になることができるのであり、このような幸福を最大限に保証することが、子ども時代の教育の眼目となる。

ルソーによれば、子どもにとってなによりも必要なことは、ものごとの必然の法則にしたがうことである。森羅万象、自然のなりゆきに逆らわないことだといってもよい。これに対して、大人は、道徳的観念にもとづいて自らの行動を律することが求められる。このような決定的なちがいがあるものの、子ども時代から大人になるまで、エミールの家庭教師は一貫して、生徒が能力の発達に応じてとりむすんでいく外部の物体や他の人間との関係のあり方を完全に統御し、調整していく。生徒が関係をとりむすぶべきものは、生命を保全し、幸福を確保するためにどれだけ役に立つのか、ということを基準として選ばれる。ところが、世間の評価や社会通念は、おうおうにして、人間が関係をとりむすぶべきものの優先順位を逆転させてしまっている。現実の社会においては、人間の生存にかかわる身体的欲求に応じる技術や労働（誰にとっても必要なもの）よりも、特定の文化のなかでしか価値を持たない装飾や娯楽に応じる技術や才能、「他人に抜きん出る」ための手段となりうる技芸が高く評価されている。このような社会通念にとらわれないことが大切である、とルソーはいう。『エミール』で提案される教育は、人間を自然の外へと連れ出してしまう人為に満ちた現実の社会のただなかで、生徒がその発達に応じて、外部の存在者と適切な諸関係をとりむすんでいくことができる状況を整えるための作為として現れるのである。

第二の誕生

他の人間から離れて生き続けていくことは、生活に必要なものの生産や流通にかかわる労働を分かち合うことでなりたっている現実の社会にあっては、ほとんど実現不可能である。そのうえ、人間自身にも、ひとりきりでは生きていけなくなる理由がある。子ども時代を脱した生徒は、単に存在するだけではなく、性的な存在として生きるようになり、伴侶を求める。「嵐のまえの静けさ」をできるだけ引き延ばし、「現れはじめた情念」を統御して、生徒にそうとは知られることなしに、いかに生徒を性的な欲求から引き離すかということに心をくばることが、『エミール』第四編と第五編において家庭教師の最大の仕事となっている、といっても言いすぎではないほどである。ここでも、「若者が道を誤りはじめるのは、気質によるのでも官能によるのでもなく、社会通念による」[*32]として、生徒と周囲の人々の関係が調整される。

生涯の伴侶を探す旅に出かけたエミールは家庭教師に導かれてパリにやってくる。教師は、探し出すべき女性の名前がソフィであると教える。しかし、どんなに探してみても、ソフィは見つからない。パリを離れて田舎にやってきたふたりは、山のなかで道に迷ってしまう。空腹をかかえていると、偶然、ひとりの農民に出会い、その家で粗末な食事を出される。ふたりの食べっぷりを見て、「ああ、神様が、あなたがたを丘の向こうに導いてくださったなら」という。このあたりの農民たちのめんどうをみている親切な家の話を聞いて、ふたりは興味を持つ。雨に打たれ、道に迷いながら、夕方になってようやくその家にたどりつく。家庭教師が一夜の宿を頼むと、主人はていねいにいくつか質問したあと、部屋に通し、食事を用意させる。最後に食卓についたこの家の娘の名を母親が呼んだとたん、エミールは恋に落ちてしまう。エミールと家庭教師は、となりの町に隠れ家を見つける。借りた下着を返すことを口実にソフィの家を訪ね、以後、たびたび、ソフィの家を訪問することになる。はじめは、馬を借りて出かけていった。しかし、家庭教師は技巧をこらして馬を使ってソフィに会いに行くことがはなはだ不便だとエミールに感じさせ、わざわざ二里の距離を歩いていくようにさせるのである。*33

ソフィを探す旅、ふたりの出会い、ふたりの交際、結婚にいたるまでのすべてが、家庭教師によって準備万端整えられたものであることが、なんども、しつこいほど読者に暗示されているのに注意しよう。第四編の末尾で、パリを離れるとき、「私」は次のようにいう。

> こんなふうに時をすごしながら、私たちはずっとソフィを探している。しかし、まるで見つからない。ソフィがそんなに早くみつからないことが大切だったのである。ソフィがいないということに私が確信が持てる場所で、私たちはソフィを探していたのである。*34

第五編に入ると、ほかの話題がいくつも入り込んでいるため、ページはかなり離れてしまってはいるけれども、この文に直接つながる場面と合わせて読むと、興味深い。パリを去りながら、エミールは家庭教師に不平を漏らす。先生はあんなところに自分の将来の妻がいるはずがないことを知りながら、パリで時間をいたずらに無駄にしたのだ、と。しかし、家庭教師は有無をいわせずに威圧し、エミールは教師に抱きついて謝罪する。[*35]

さらに、はじめてソフィを訪問し、部屋に通されたとき、寝具や下着など、必要なものすべてが整えられているのを見たエミールは、「まるで、私たちを待ち構えていたかのようですね」と驚きながらいう。[*36] なにも知らないエミールは、あっさりと家庭教師にいいくるめられてしまう。しかし、このあまりに無邪気なエミールの発話は、すべてが計画され、準備されたことであることを読者に知らせるために、わざわざ置かれているのである。さらに、「私」は次のようにだめ押しをする。

本書をいくらかでも注意して読むなら、エミールが遭遇するありとあらゆる状況が、偶然によせ集められたのだなどと信じられるような人がいるとは、私には想像できない。都会にはあんなにもたくさんの愛らしい娘たちがいるというのに、エミールが気に入る娘が人里離れた奥まった隠れ家にしか見つからないのは、偶然だろうか。ふたりが互いに好意を持つのは、偶然だろうか。ふたりが同じ場所に住めないのは、偶然だろうか。娘からこんなに離れた場所にしか落ち着けないのは、偶然だろうか。エミールが娘とめったに会えないのは、そして、たまに会える喜びをくたくたになることで贖わなければならないのは、偶然だろうか。[37]

すべてを計画し、すべての段取りを整えて、エミールが見るもの、触れるものすべてを、家庭教師が完全に制御している。とりわけ、エミールをさんざん歩かせ、身体を疲労させることで、性的な欲求をはぐらかすことに細心の注意がはらわれている。ここに認められる、性に対するルソーの執拗な警戒心については、これまで、主として教育学の研究者たちによる『エミール』研究では、ほとんどまったくとりあげられることがないまま、研究史上の空白となっている。[38] いずれにしても、このような細心の注意がはらわれるときに、ルソーが提案する教育の暴力性がはっきり見てとれることは、見落としてはならないであろう。

自己愛と利己愛

ルソーによれば、知的な能力が発達し、他の人間たちと精神的な（道徳的な）関係を持つようになった人間は、もっぱら物的な（身体的な）関係のなかにとどまっていた子どもとはまったく異なった存在となる。両者の相違を際立たせるのが、一般には同義語とされる「自己愛（amour de soi-même）」と「利己愛（amour-propre）」の語をルソーが厳格に区別しながら展開する議論である。この二つの語の区別については、『人間不平等起源論』に付されたルソーの注が有名である。

利己愛と自己愛を混同してはならない。この二つの情念は、その自然本性についても、その効果についても、まったく異なっている。自己愛は自然にかなった感情であり、ありとあらゆる動物に己自身の保全〔生存〕に配慮させる。人間にあっては、自己愛は理性によって導かれ、憐れみの情によって変化させられて、人類愛と美徳を生み出す。利己愛は、社会のなかで生まれる相対的で人為的感情にほかならず、他のすべての人たちよりも己のことを大切にするようにさせる。人間たちが互いになしているありとあらゆる悪は、この利己愛にそそのかされたものである。そして、利己愛は、名誉のほんとうの源泉でもある。[*39]

もっぱら自分の生存と幸福を求める「自己愛」は、自己を保全する（生命を維持する）ための武器であり、常に自然の秩序に一致した善良な情念とされる。他人の存在を想定していない「自己愛」は、他人に対して悪意を抱くことはないので、結果的に他人に不利益を及ぼしたとしても、道徳的責任を追及できないという。というのも、ルソーは、行為する人の意志の善悪に照らして道徳性を判断するからである。つまり、意図的に他人を害し、傷つけようとする行為のみが悪徳とされるのである。他人の存在を想定しない「自己愛」にもとづいた行為が道徳的責任を問われることは、論理的にありえない。

一方、他人との交流から得られた多様な観念を基礎として知的理性が発達すると、「想像力」もますます強く働くようになり、自分の立場を越え出て、他人の立場に自分を置いてものを考えることができるようになる。すると、たえず自分と他人を比較するようになる。他人を意識し、他人の目に映った自分を意識することによって、「自己愛」は「利己愛」に変容する。「利己愛」は他人との関係を意識したうえで、他人と比較された自分を対象とする愛で、しばしば、自分が他人よりも優れていること、恵まれていることを望む。他のすべての人たちが、自分のことを誰よりも愛し、尊重してくれることを願う。そのため、「利己愛」は、他人の目に自分を現実以上に立派に見せようとする虚栄心や、他人を軽蔑し、過大な自己評価を求める傲慢として現れたり、他人の不幸を喜ぶ排他的な情念へと堕落したりする危険性をはらんでいる。

しかし、ルソーについて書かれた多くの解説書、入門書に見られるように、「自己愛」を善、「利己愛」を悪と単純に二分したうえで、ルソーの思想ぜんたいの基盤に「自己愛」を置いて理解することは、不適切である。『ジュリ、新エロイーズ』と『エミール』の第四編、第五編には、「利己愛」の語が肯定的な含意で用いられている例がいくつも見られる。また、「人間にとって自然にかなった唯一の情念は自己愛、すなわち広義における利己愛である」[*40]というように、言いかえをしている用例さえ存在する。そうであれば、なぜ、ルソーは、「自己愛」と「利己愛」という言葉を厳格に区別し、混同してはならないと主張したのだろうか。その真意は、ルソーの作品だけを読んでいても、理解することが難しいように思われる。そこで、ルソーが参考にしたと考えられる著作、ルソーが論破しようとした著作にも、目を向けてみることにしよう。

ふつうフランス語話者のあいだでは、まったくの同義語として扱われてきた。ルソーに先立ってこの二つの語を区別した例は、とくに神学論争にかかわる著作に認められる。いっさいの利害関心を退け、神を純粋に愛すべきだという論者と、人間にとって魂の救済を求める切実な利害関心なしには神への愛もありえないとする論者のあいだで交わされた論争である。

「神への愛」をめぐる一七・十八世紀の神学論争に学ぶ

原罪説を教義としてうち立てたアウグスティヌスが言及していた「神への愛（amor Dei）」と「自己愛（amor sui）」が徹頭徹尾対立するという主張について、ことさらに強調する論者が一七世紀のフランスに現れた。自分自身の力量、自分がほんとうに望んでいることすら正しく認識することができない「人間の弱さ」に焦点をあてながら、神の恩寵が得られないとしたら、どれほど人間は悲惨であるのか、くりかえし説かれた。すなわち、自分よりも他人を優先させる慈愛にもとづいて行動しているつもりでいても、ほんとうは、自分自身をも欺く利己愛に突き動かされているにすぎないことがある。それほどに、利己愛は巧妙であり、利己愛につき動かされる人間は、はかなく弱い存在である。たとえば、パスカルは、ありとあらゆる人間の活動の裏側に、自己を世界の中心に置こうとする「利己愛」とそれに隷属する理性の打算的な計算を認めて、人間が正しくあるための唯一の方法は、「自分を憎むことである」[*41]と主張した。真に愛すべき存在である神の完全性の前に、人間はまったく不完全な存在であり、愛するに値しない。

このような主張を前にして、「利己愛」のなかから「神への愛」と一致する部分を「自己愛」と呼んで、この部分については断罪の対象から外して、救い出そうとする論者も現れた。たとえば、プロイセン、英国、アイルランドで改革派教会に属して活動し、ロンドン郊外に没したフランス人神学者ジャック・アバディーが著した『自分自身を知る技術』は、一八世紀にかけてなんども版が重ねられ、主要なフランス語辞典や哲学事典の項目「利己愛」でも引用されるなど、「利己愛」の語をめぐって一八世紀に最も参照された書物である。

> 利己愛は、悪徳と美徳の定義にあまりに本質的に入り込んでいるので、利己愛なしにはどちらも理解できないといえよう。一般に、悪徳とは他人よりも自分を優先することである。美徳とは自分よりも他人を優先することであると思われる。というのも、美徳とはこのうえなく高貴で分別のある自己の愛し方にほかならないことは確かだからである。〔……〕この点で私たちの言語〔フランス語〕は幸いである。利己愛と自己愛を区別することができるからである。自己愛は、正当で自然にかなった限りでの自分への愛であり、利己愛は、悪徳的で堕落した限りでのこの同じ愛である。*42

アバディーは、利己愛のうち、神への愛と矛盾しない部分、神への愛と一致する部分、自分よりも他人を優先させつつ、自分を愛することを、「よく啓発された利己愛」、「まったく適切な利己愛」、

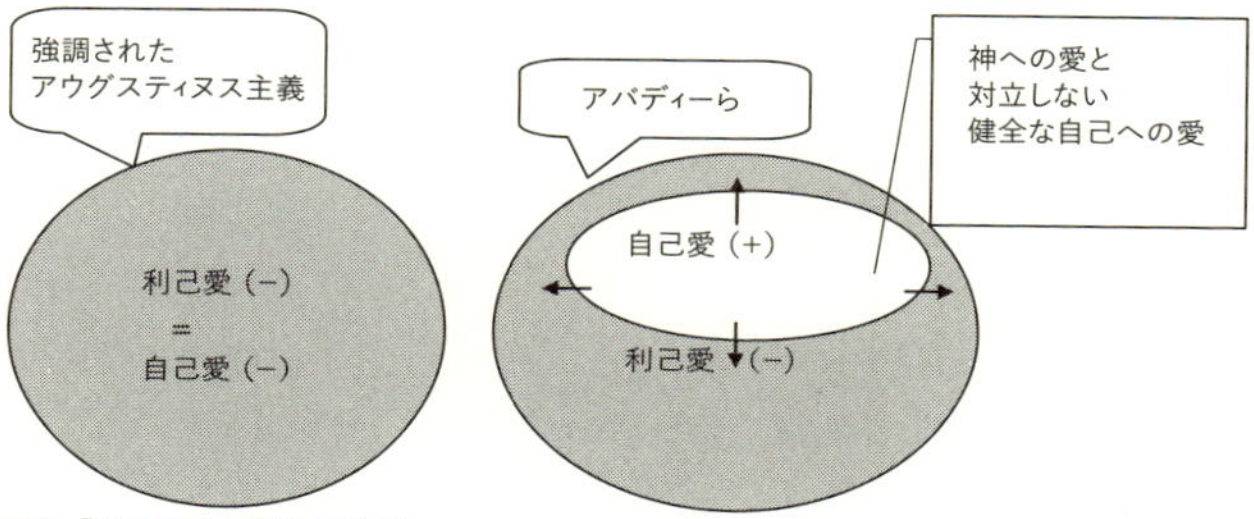

図2「利己愛」の部分的復権

あるいは端的に「自己愛」と呼んで、「利己愛」一般とは区別し、この部分までも断罪する必要はないと主張した。このようにして、「利己愛」に対する容赦のない攻撃をやわらげ、「利己愛」を部分的に復権させたのである［図2参照］。しかも、「自己愛」として復権できる範囲を可能な限り広げようとつとめた。なぜなら、利害関心なしに人間が行動することはない、と考えるからである。神への愛を、①「利害関心による愛」、②「感謝による愛」、③「自己愛」や「利害関心」から独立した「純粋な友愛による愛」の三種類に分けたうえで、アバディーは、③の愛が直接に生まれることはなく、①の愛から段階を追って生じるものだとして、人間が神を愛することの背景には常に「自己愛」の原理が働いている、と強調する。「自己愛」や「利害関心」から完全に離れた神への愛がない以上、感覚的な利害関心から出発して、「自己愛」を啓発し、自分を適切に（神への愛と一致する形で）愛するように導くことが道徳の要となる、とアバディーは主張する。アバディーにとって、快楽や富を求める利己愛は、それ自体としては罪あるものではない。しかし、いきすぎないようにするために、また、まちがった対象（快楽や幸福であるかのように見えるだけのもの）を求めて、享楽、傲慢、貪欲といった悪徳に染まらないでいるためには、神のみが人間をほんとうに幸せにするのだという信仰と、ほんとうの幸せを見きわめる理性とに導かれる必要がある、という。

『永久平和論』の著者として知られるカステル・ド・サン＝ピエール神父の膨大な手稿を整理するように依頼された若き日のルソーは、託された手稿を分類して一覧表を作成している。ルソーが作成した一覧表とともに、現在、スイスのヌーシャテル図書館に所蔵されているこの手稿のなかには、「まったく適切な利己愛」（MsR176）、「不死についての思索……アバディーを読みながら」（MsR190）と題されたものが含まれており、アバディーの主張をルソーが知っていた可能性は高い。

また、アバディーと同じように「自己愛」と「利己愛」を区別しているうえ、人間の道徳を論じるさいに「不誠実」、「仮面」、「外見」などの特徴的な語彙の使い方や議論の進め方にルソーと顕著な類似が認められるマリー・ユベールの主著、『単なる装飾にすぎない宗教とは区別された、人間にとって本質的な宗教に関する手紙』について、ルソーが所蔵していた版本そのものが近年スイスで発見された。[*43] ユベールは、ルソーと同じジュネーヴ生まれで、家族の影響もあって、若いころは神秘主義に感化されていた。その後、理神論的な「良心の信仰」を持つようになり、幸福を求める人間本性に根ざした、万人の手に届く単純な宗教を提唱して、不信仰者を宗教に連れ戻そうとした。ユベールが信仰と美徳の基礎に置くのは、「誠意」と「良心」である。誠意があるかどうかによって、①社会の基礎となる「分別のある自己愛」と、②社会を破壊する「利己愛」が区別される。本来、それ自体として求められ、愛されるものであるべき善を、他人からの尊敬を集めるための手段にしてしまう人たちは、自分がじっさいに有徳となるようにつとめるのではなく、有徳であるかのように他人の目に見えることにばかり心をくだく。悪徳をそれじたいとして避けようとするのではなく、悪徳に伴う非難や軽蔑を避けることばかり考える。真理を心から求めるのではなく、他人から真理の発見者と認められることばかり求める。このようにして、他の人たちに対しては、じっさいに善人であることを望んでおきながら、自分ひとりは善人であるかのような外見を持つことだけで満足するという、不誠実な態度が生じる。ユベールはこの不誠実を厳しく断罪したのである。ユベールの主張は、たとえば次のように、ルソーの作品のなかでも受けつがれ、響いている。

いつもうわべの礼儀のために、心の誠実を犠牲にしている、私たちの格率の愚かしさを反省してみるならば、堕落していればいるほど言葉がいっそう洗練されるのはなぜなのか、行儀のよい人たちが不誠実になればなるほど、いっそう礼儀がきちんとしてくるのはなぜなのか、分かる。*44

本書の趣旨と許された紙幅にかんがみて、これ以上とりあげることはできないけれども、「利己愛」と「自己愛」の区別にかかわる議論を展開した神学者は、ほかにも存在する。この二つの言葉の使い分けについて、神学者たちの論争にかかわる書物からルソーが大きな示唆を受けたことは、まちがいない。*45

啓蒙思想家たちによる「利己愛」の解放

「利己愛」を部分的に復権させた神学者たちによって洗練された「啓発（啓蒙）された利己愛」といった語彙を好んで用いながら、ルソーと同時代に活躍した啓蒙思想家たちが「利己愛」を全面的に復権、解放したことは、興味深い。ディドロとダランベールが編纂した『百科全書』において、クロード・イヴォンが〝執筆〟した項目「利己愛」は、若干の著述家たちが「利己愛」と「自己愛」を区別していることに言及した最初の二段落がクラピエ・ド・ヴォーヴナルグの『人間精神認識への手引』第二巻第二四章冒頭部分の引き写しであり、残りの部分はアバディーの『自分自身を知る技術』第二部を抜粋したものである。ちなみに、ヴォーヴナルグの著作の当該箇所は、『人間不平等起源論』を準備していたころにルソーが作成した読書ノート（現在はヌーシャテル図書館所蔵 MsR18）にも書き取られており、興味深い。

ここで見すごしてはならないことがある。神学者たちが大切にしていた「快楽」、「利害関心」の中心にあるのは、神とつながる精神的＝霊的な快楽、魂の救いであった。しかし、魂と身体の二元論を退ける啓蒙思想家たちは、「快楽」を身体的快楽という意味に読みかえることで、神学者たちの言葉づかいを逆手にとって、神学者たちが守ろうとしたものを攻撃したのである。神学者たちが人間の手には届かないとした部分（目に見えない人間の内面、行動の隠れた動機など）は、もはや考察の対象とはならず、目に見える、外に現れる行動だけが問題にされるようになった。善良な人間と評価されるようにふるまうことが、結果的に自分の快楽を増大させることになるしくみを整えること

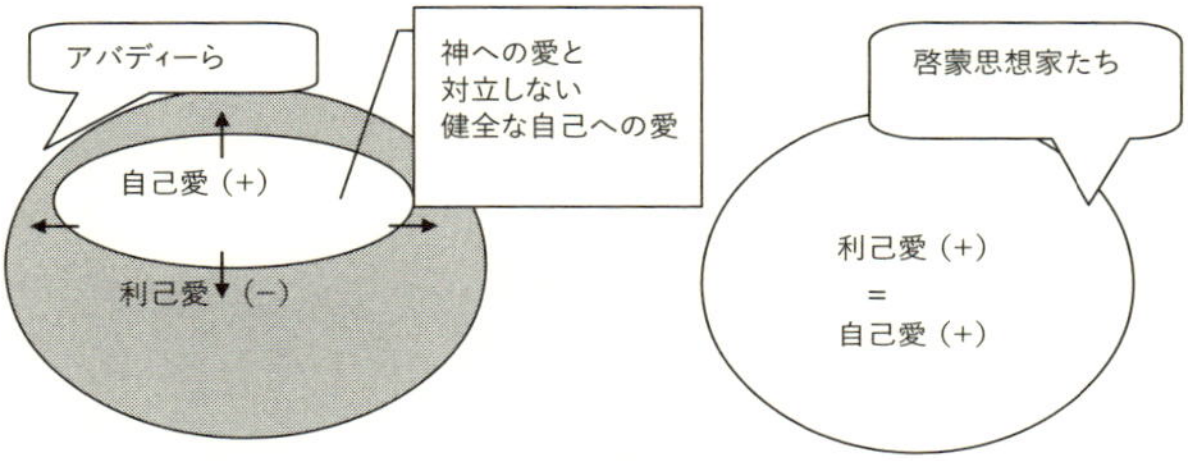

図3　啓蒙思想家たちによる「利己愛」の全面的肯定

で、極端な無秩序が社会に生じないようにすることに関心が寄せられる。もはや、「利己愛」をことさらに断罪する必要はなくなる。むしろ、伝統的なキリスト教倫理が断罪してきた私的な利害関心にもとづいた人間たちの営みこそが、技芸を洗練させ、社会を繁栄させるのだ、と主張されるようになったのである。こうして、「利己愛」と「自己愛」を区別することなく、「利己愛」を原則として全面的に肯定する議論が展開された。結果的に、アバディーが苦労してできるだけ「自己愛」の範囲を広げようとつとめていたのに乗ったうえで、「自己愛」の適用範囲をさらに拡大していって、「利己愛」全体とすっかり重ね合わせてしまったのだ、と考えてよい［図3参照］。

虚栄心と社会秩序

自分よりも他人を優先することを「美徳」とみなす立場を退けて、なによりも自分の幸せを優先する利己愛を解放するならば、他人よりも自分を優先させたいという欲望、他に抜きん出ようという欲望も、とめどなく拡大していく。ここに、たえず新たな欲望がかきたてられる状況が生じてくる。モンテスキューは次のように指摘している。

「一緒にいる人が多くなればなるほど、人間たちはいっそう虚栄心をもち、つまらないことで人目を引こうという欲望が心の中に生まれるのを感じる。大部分の人間たちが互いに見知らぬ人であるほどに大人数になると、他に抜きん出たいという欲望は倍増する。というのも、成功できるかもしれないという希望がいっそう大きくなるからである。奢侈(しゃし)がこの希望を与える。誰もが自分の身分以上の身分のしるしを身につける。しかし他に抜きん出ようと欲するあまり、すべては平等となり、もはや他に抜きん出はしない。誰もが他人に見られたいと望むので、他の誰をも気にとめることがないのである」[*46]。

モンテスキューはこの箇所に付した注で、バーナード・マンデヴィルの『蜂の寓話』を参照している。シャフツベリの楽観的な人間観に対する反論として書かれた『蜂の寓話』は、一七四〇年に仏訳されると、大陸の思想家たちにも大きな影響を与えた。物議をかもした同書を批判したり擁護したりする形で、一八世紀倫理思想の重要な著作が何冊も書かれたのだった。マンデヴィルによれば、人間は本来的に悪徳を持った存在であり、愛他的行動もすべて利己心(self-love)に還元できる。私利私欲に駆られた個人の悪徳が結果的に国家の政治的経済的繁栄に貢献するのだ、とするマンデヴィルは、他の悪徳と同様に虚栄心は社会にとって必要不可欠だという。

啓蒙思想家たちは、虚栄心を適切に導くならば、奢侈(しゃし)(ぜいたく)、勤勉、洗練された趣味をつうじて、社会の秩序ある進歩の有用な原動力として活用することができるという。虚栄心が生み出す欲望に際限がない以上、それを満たすための技芸の洗練（進歩）にも限度はない。無神論者の啓蒙思想家ドルバックはいう。

常に欲望せずにはいられないように人間はつくられているので、自分の欲望の対象が与えられたときには、欲望すべき新しい対象を探さなければならない。さもなければ、人間の精神は、無気力と無感動に陥ってしまうであろう。これは人間にとって、このうえなく不吉な状態となるだろう。*47

解放された利己愛に応じるため、技芸をさらに洗練させ、豊かさを際限なく求め、社会をどこまでも進歩させていこうとする意欲が高まっていった。

ルソーの思想における利己愛と自己愛の役割

ルソーは、神学者たちの議論から、「利己愛」と「自己愛」を区別することを学び、この二つの言葉を使い分けることで、同時代の思想家たちの主張を批判しようと試みたのである。この二重の関係をふまえることではじめて、なぜ、ルソーがこの二つの言葉をはっきり区別することを求めたのか、この二つの語がどのような役割をルソーの思想のなかで担っているのか、理解できる。

すでに述べたように、「自己愛」と「利己愛」を区別して用いることについて、「神への愛」をめぐる神学論争において「利己愛」のなかから神への愛と一致する部分を「自己愛」と呼んで、この部分については断罪の対象から外そうとした神学者たちから、ルソーは多くを学んでいる。しかし、この二つの語には、ルソーの著作においては、独自の役割が与えられている。この点はしっかり確認しておかなければならない。とくに、「自己愛」を善、「利己愛」を悪、などと図式的にとらえてしまうと、ルソーの思想の構造が読みとれなくなってしまう。

アバディーのような神学者にとっても、ルソーにとっても、概念としては、「利己愛」の方が「自己愛」よりも広い範囲に及んでいる。むしろ、「利己愛」の特殊な形として、あとづけで「自己愛」について規定したと理解するとわかりやすい。ただし、「自己愛」の適用範囲を定めるための根拠が大きく異なっていることには、注意が必要である。

第一に、「利己愛」の部分的復権を試みた神学者たちは、「神への愛」と一致する、「利己愛」のなかでも理性によって啓発された部分を「自己愛」と呼んだのに対して、ルソーは「自己愛」を理性に先立つ自己の保全（生存の確保）の原理とした。理性的な反省が入り込む余地がないものとされた「自己愛」にもとづく行為には、道徳的功績を帰すことができない。すなわち、ルソーにおいて、「自己愛」は前道徳的な原理ということができる。第二に、神学者たちが「自己愛」を隣人との調和ある共存の原理とするのに対して、ルソーは「自己愛」から社交性を排除して、他人との精神的＝道徳的関係を想定しない人間が持つ、自己の保全の原理としている。他人を意識することも、他

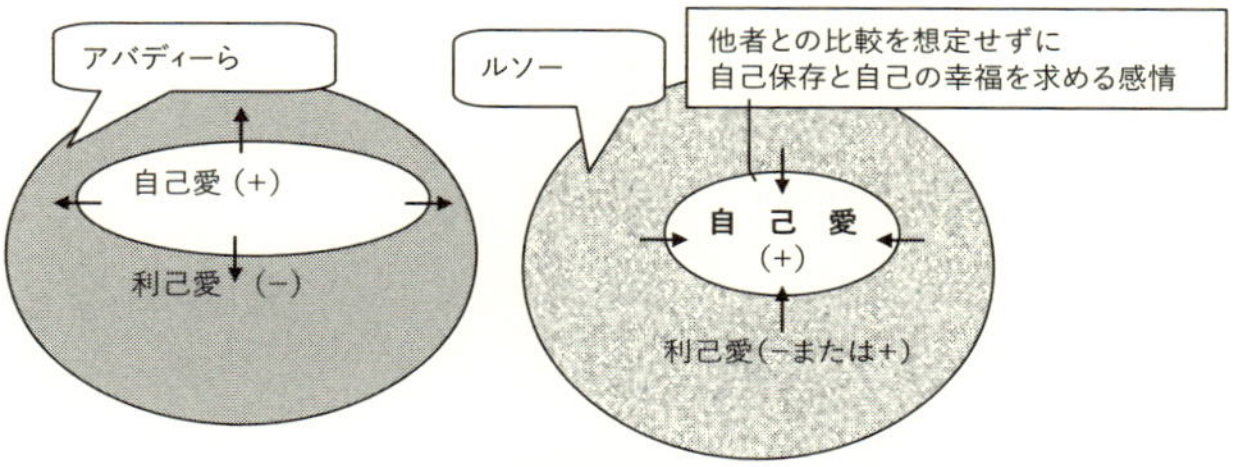

図4 ルソーによる「自己愛」の限定的使用1

人の視線を感じることも、他人と自分を比較することもない状態で、ただ、生きることと、単純な快楽だけを求める、きわめて限定された幸福追求の原理である。その結果、アバディーなどの神学者たちが「自己愛」の適用範囲を可能な限り広げようとつとめていたのに対して、ルソーは、まったく逆向きに、「自己愛」の適用範囲をきわめて狭く限定した。これは決定的な相違点である［図4参照］。

ルソーにあっては、「利己愛」の対象となる自分から、いったん他人間たちととりむすんでいる精神的＝道徳的関係をすべて奪ってしまって、もっぱら身体的な欲求にもとづいた人間の生存だけを問題にしている自分を想定してみたとき、それが「自己愛」が愛する対象となる自分となる。もはや、他人と自分を比べたり、他人よりも自分を優先させたり、他人よりも抜きん出ようとしたりすることがありえない状況における自分が立ちあらわれる。ただ生きることだけを欲するならば、他の人間たちの助力などなくとも、身体的欲求を満たすだけの食料などは自然が提供してくれる。この状態にある限り、人間は自然のなりゆきの物的必然性から逸脱することはありえない、とルソーはいう。

「自己愛」が対象とする「自分」には、他人との精神的＝道徳的関係の意識が欠けており、特定の他人に悪意を抱くことはありえない。仮に「自己愛」にもとづく行動が結果的に他人に損害をもたらすようなことがあったとしても、それは物的な衝突の結果にすぎず、なんの怨恨も生みださない。こうしてルソーは、「自己愛」は他人に意図的に悪をなしえず、道徳的責任を問うことはできないとし、無条件に是認する。ルソーは「自己愛」は「善良」だという。しかし、「自己愛」が善にかかわるのは、意図的に悪を生じさせることはない、という消極的な意味においてなのである。

これに対して、「利己愛」が対象とする「自分」は、他の人間たちと精神的＝道徳的諸関係をとりむすんでいる。「利己愛」がじっさいにどのような形で現れるかは、他の人間たちととりむすぶ関係のあり方に規定され、関係のあり方しだいで、善いものにも悪いものにもなりうる。「利己愛」の語がしばしば否定的な含意を持って用いられるのは、人々がじっさいにとりむすんでいる諸関係が、人々を邪悪にする悪しきものであるからにほかならない。

社会関係にとりこまれた人間にあっても、他人をまったく考慮しない場面では「自己愛」が機能するので、人間が他人と精神的＝道徳的関係を持つことによって、「自己愛」があますところなく「利己愛」にとってかわられるわけではない。しかし、「自己愛」よりも「利己愛」の方が、はるかに多くのものを、しかも容易に満たすことのできないものを求めるので、比べものにならないくらい激しくなる。したがって、現実の人間たちは、「自己愛」よりも「利己愛」によって強くつき動かされることになる。自然状態にあっては、「自己愛」はたやすく満たされる。しかし、堕落した社会のなかで、互いに比較し合い、競い合う関係にすっかりからみとられた人間たちをつきうごかす「利己愛」は、とめどない欲望をたえずかきたて、ほとんど常に、満たされることがない。

人間と人間を結びつけるもの

ルソーによれば、人間と人間を結びつける原理は二つある。共通の利害と共通の苦しみである。

共通の欲求は、利害によって私たちを結びつける。共通の惨めさは愛情によって私たちを結びつける。[*48]

共通の利害にもとづいた人間関係は、『社会契約論』など、主として政治的著作において論じられている。

諸個人の利害の対立が社会の設立を必要としたとすれば、社会の設立を可能にしたのも、この同じ諸個人の利害の一致である。[*49]

利害の一致を基盤にした政治社会、すなわち国家は、人間と人間との関係が、あたかも物と物との関係に置かれているかのようにするために、すべての構成員を法の支配の下に置くことで成立する。国家を構成するひとりひとりの人間が確実に法にしたがうのは、国家の利益を守ることが、同時に、自分自身の利益を守ることになるようなばあいである。おうおうにして、国家の利益よりも自分の私的な利益を優先させる人たちは、いずれは、どれほど周到に組織された国家も、衰退させ、滅亡させてしまう。もし、可能であるならば、分かち合うよりも奪うことが自分の利益になる、と考える、現実にあるがままの、利己的な人間たちを前提としたうえで、あらゆる智恵を動員して理想の国家を建てたとき、どれほどの力を尽くしても、このような悲しい結末は避けようがない、とルソーは考えている。

これに対して、『エミール』においては、現実に存在する国家のなかで、理想的な教育について語ろうとする。現実に存在する国家はいずれも、国とは名ばかりで、不当な権力を握った一握りの人たちが大多数の人々を理不尽に踏みにじっている。このような状況の下で、人間と人間がまっとうに結びつこうとすれば、目の前で苦しんでいる人に対する「憐れみの情」を基盤として、病＝苦痛を互いにいたわり合う関係が基盤となるほかはない。

> 人間が社会生活を営むようにさせるのは、人間の**弱さ**である。私たちの心を人類愛へと導くのは、私たちに共通する**惨めさ**である（中略）。あらゆる愛着は、自分ひとりで満たされることができないということのしるしである。もし私たちのひとりひとりが、他の人を少しも必要としていなかったなら、他の人と結びつきを持とうなどとは考えないだろう。ほかならぬ

私たちの弱さから、私たちのはかない幸福が生まれる。ほんとうに幸せな存在は、孤独な存在である。神だけが、絶対的な幸福を享受する。しかし、私たちの誰が、絶対的な幸福についての観念を持つことができようか。なにかしら不完全な存在が自分ひとりで満たされることができるとすれば、私たちから見て、いったいなにを享受することになるのだろうか。ひとりきりで、惨めになるだろう。なにも必要としていない人がなにかを愛するなどとは私には思いもよらない。また、なにも愛さない人が幸福でありうるなどとは、私には思いもよらない。*[50]

苦しみ、悲しみが、人類すべてに共通するものであることを認識し、互いにいたわり合いながら耐えることに、不完全な存在でしかない人間が享受することのできる、「はかない幸福」がある、とルソーはいう。それは、神が享受するであろう「絶対的な幸福」にははるかに及ばず、また、自然にかなった人間が、他人の助けを借りる必要もなく自然のただなかで満たされている状態にまさる心の安らぎを与えてくれるわけでもない。共通の不幸、惨めさを基盤として、人と人を結びつける「憐れみの情」は、人類愛の基盤となりうるものであった。弱者に向けられた憐れみの情は慈悲となり、人類一般に向けられた憐れみの情は人類愛となる。

現実の社会生活のなかで堕落し、自然にかなった生活を忘れ、憐れみの情を忘れた人を、ルソーは「怪物」と呼んだ。*[51] ひとりきりでは満たされることができない、弱く不完全な人間が、苦しみを互いにいたわり合い、和らげあう関係をとりむすぶことは、病＝悪を緩和する薬の役割を果たしうる。『エミール』第五編でエミールが築く家庭も、『ジュリ、新エロイーズ』で主人公が築いた家庭を中心として近隣を巻き込みながら形成された、理想郷と見紛う共同体も、「憐れみの情」が基盤となっている。

進歩の光と闇

人間のさまざまな欲望に応じる技芸をどこまでもとどまることなく洗練させていくことに向けられた啓蒙思想家たちの期待は、経験に照らして確実に検証できる科学の輝かしい発展の光に照らされていた。それでも、そこに一点の曇りもなかったというわけではない。私信のなかで、ディドロは「なるほど、我々は祖先ほど野蛮ではない。より啓蒙されている。それではより善良であろうか。それは別の問題である」[*52]、と指摘していた。技芸の洗練（進歩）は、必ずしも人類をより善良にするわけではなく、また、必ずしも人間に快楽をもたらすわけでもない。ダランベールは、つぎのようにいう。

新しい知識を獲得すれば、たいていは人間は心地よい幻想（イリュージョン）から目覚めてしまわないわけにはいかない。啓蒙はほとんど常に、快楽を犠牲にしてなされる。おそらく我々の素朴な先祖たちは、今日このうえなく洗練された芝居に私たちが心動かされるよりもはるかに強く、昔の劣悪な演劇に心を動かされていたことだろう。私たちよりも啓蒙されていない国民が、私たちよりも幸福でないということはない。というのも、欲望が少なければそれだけ、欲求も少なくなるからであり、粗野で比較的洗練されていない快楽で満足させられるのだから。しかし、私たちは、そうした国民の無知、私たちの祖先の無知と、私たちの啓蒙を交換したいという気には、けっしてならないであろう。啓蒙が私たちの快楽を減ずるとしても、私たちの虚栄心をくすぐってくれる。私たちは気難しくなったことを自慢し、そこから、ある種の功績を引き出したのだと思う。利己愛は、私たちがもっとも執着する感情であり、私たちが満足させるのにもっとも躍起になっている感情である。*53

この引用文の前半は、ルソーの文明批判を彷彿とさせるものがある。①生存に直接かかわる生理的・身体的欲求（自己愛）よりも、②進歩とともに増大する特定の時代・社会においてのみ意味を持つ欲望（利己愛）に目を奪われて、文化的欲望のために生理的欲求を犠牲にしていることに「人類の悲惨」の原因を見たルソーは、生理的・身体的欲求を満たすことよりも文化的欲望を満たすことを重視させる社会通念（偏見）が、人類を不幸で惨めにするのだと指摘した。そして、社会通念にとらわれずに、生理的・身体的欲求を満たすことを、子ども時代の教育の眼目とした。「それはなんの役に立つのですか」という問いによって生徒の好奇心を規制したとき、ルソーは、生徒をとりまくあらゆる事柄をその生存との関わりによって秩序づけようとしたのであった。『百科全書』

の編者ダランベールも、啓蒙主義の鬼子と呼ばれるルソーも、共に、現実の人間たちが生理的欲求と文化的欲望を求めること、多くの人は生理的欲求よりも文化的欲望を優先させる傾向にあることを認める。そのうえで、欲求と欲望のうちどちらを重視するか、という点で正反対の立場をとった。ルソーと同じ時代に活躍した啓蒙思想家たちの関心を引いたのは、人間の生存に便宜をもたらす技芸（ありふれた作物を生み出す農業のような技芸）よりも、むしろ、「野蛮な」者たちと「文明化された」自分たちとの間の落差を、はっきり示すことができるような技芸（たぐいまれな贅沢品を生み出す技芸）であった。とめどなく技芸を洗練させていくことが、社会の繁栄にとっても、ひとりひとりの人間の能力の開発にとっても、好ましい結果をもたらすはずだという考え方こそ、ルソーがくりかえし打ちくだこうとしたものである。

ひたすら自分の保全（生存）と幸福を求める存在とみなす人間本性論を出発点として、人間のありとあらゆる行動は、快楽を求め、苦痛を避けるためのものだと説明する啓蒙思想家たちにとって、技芸の洗練はそもそも、人間の生存と幸福を実現するための道具であったはずである。技芸の洗練（進歩）は、生産性の向上によって人間の欲求を満たすためのあらたな手段をもたらした。しかし、それだけではすまない。技芸が洗練されればされるほど、人間たちの趣味もまた、ますます洗練されていく。簡単に感動したり、満足したりしなくなってしまう。人間たちが抱く欲望の質も変化する。単に空腹を満たすことにとどまらない美食に目覚めることによってはじめて、微妙な味つけや飾りつけの技量が問題とされるようになる。こうして技芸は、単に欲求を満たすための手段にとどまらず、技芸の洗練それ自体が称賛の対象となり、自己目的化していく。自己の保全に必要不可欠な生理的・身体的欲求を越えた文化的欲望は、「他に抜きん出ようという欲望」にかられて、とめどなく増大していく。

他人よりも優位に立ったり、他人に抜きん出たりすることまでは望まなくとも、人並みの生活がしたいと望むという人はいるであろう。これもまた、生理的・身体的欲求によるものではなく、文化的欲望によるものである。技芸が洗練されればされるほど、ひとりひとりの人間が享受することになる技芸の成果は、量的にも質的にも落差が大きくなっていくので、それに応じてこの文化的欲望も激しくなっていく。「人並みの生活」を求める背後には、他人に劣っていたくないという欲望が、すなわち、他人に優越したい、他に抜きん出たいという欲望が屈折した形でうかがえるのである。

中世的共同体の束縛を離れて、少なくとも理論のうえでは、自己の保全（生存）に責任を課された個人を思考の出発点として想定したホッブズ以降の西洋近代思想は、自己を保全しようとする欲求を人間把握の中核に据えて、人間を取り巻く諸々の関係や制度をとらえ直そうとした。清教徒革命による内乱状態のなかで、暴力によって理不尽に命を奪われるのではないかという恐怖がホッブズの思想に影を落としていた。しかし、なによりも先んじる自然にかなった欲求と目された自己の保全（生存）が一応確保されたと考えられると、物質的で感覚的な享楽よりも、自己の生に是認（承認）を与える隣人の目に対して自己の生を意味あるものとして示そうとする欲望の方が、より強く

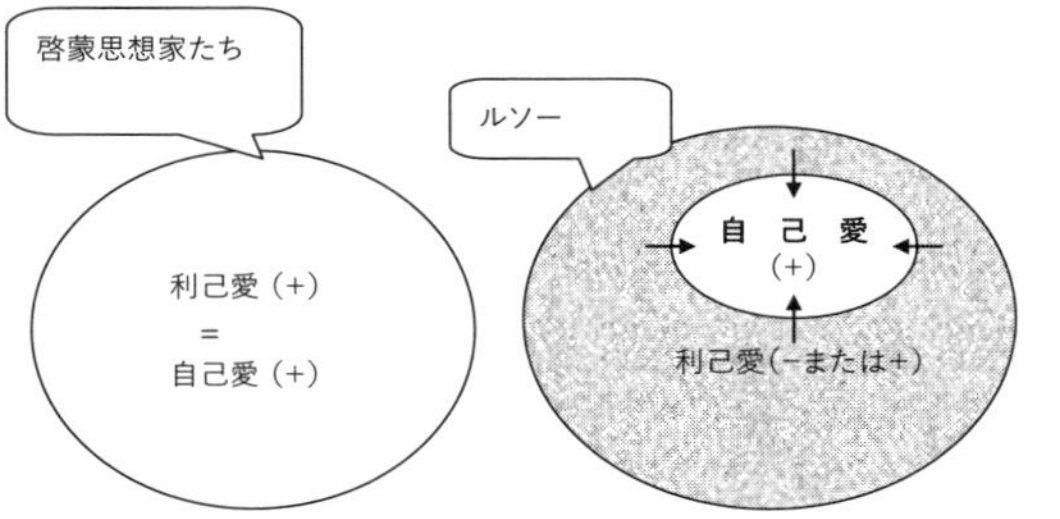

図5 ルソーによる「自己愛」の限定的使用2

個人の意志決定に影響を与えるようになる。もの笑いにされることへの恐れ（不安）をも含んだ、広い意味での名誉心が、啓蒙思想家たちにとって技芸の洗練（進歩）の原動力となっている。名誉の獲得競争の途中で満足し、立ち止まることは、敗北を意味する。競争に参加する限り、生存に直接かかわる生理的・身体的欲求を満たすことよりも、他人の称賛を得られる技芸を、より速く、より多く獲得するように強いられ、そのための効率的な方法に、「なんの役に立つのか」を問わぬまま、関心を寄せないではいられなくなる。

際限のない、とどまることをしらない欲望をルソーは恐れた。啓蒙思想家たちに反対して、ルソーは現実の社会に存在する悪が、とめどない欲望、欲望を満たせるという期待から生まれてくる、と指摘した。とめどない欲望が人間の本性に根づくものではないことを主張するために、きわめて限定された自己の生存と、身体的・生理的欲求を求める感情という狭い範囲に限定して、ルソーは「自己愛」の語を用いたのである［図5参照］。

自己の保全と幸福を求める情念を人間本性とみなした思想家たちのなかには、人間はその本性からして利己的であり、自らの欲望を満たし、幸せになるために他人に害を与えることを避けることは難しい、せいぜい、被害を少なくするようにつとめるべきである、といった主張をした人たちがいる。ルソーは、堕落した現実の社会のなかで暮らす人たちのなかに、意図的に他人を犠牲にして自分の利益を求める人たちがいることを認める。しかし、それは、人間の本性（自己愛）によるものではなく、堕落した社会のなかでゆがめられた情念（利己愛）によるものだ、という。

ルソーによれば、苦しんでいる他人の立場に身を置いて、他人を慈しむばあいや、自分の業績や実力を適切に評価するばあいには、「利己愛」は、まったく異なった現れ方をする。「秩序への愛」、「真、善、美への愛」が、「利己愛」やそれを生み出した想像力とともに能動的になると、「良心」と呼ばれる。美しいものを愛することによって洗練された「良心」は、自分の功績にもとづいて「真の名誉」を自分に与えることによって、「利己愛」に精神的な満足（至福）を与える。この場合、「利己愛」は人間を徳へと導く誇りを生む。このように、「利己愛」は人間を身体的（物的）存在から精神的（道徳的）存在へと橋渡しする役割を担っており、人間を高貴な存在へと高める原動力ともなりうる。しかし、ルソーによれば、人間の感情に直接働きかけることはできないので、この感情の現れ方を決定する人と人の関係に働きかける以外には、この感情を統御する方法がない。

3　現実社会に生きる道徳的存在の苦しみ

良心の洗練

真善美の完全な模範（完全性）は神にのみ帰せられる。しかし、神は人間の認識能力を越えた存在である。実際に人間に完全性の観念を与えるのは、人間のなかに神の属性である完全性が存在しているかのように思わせる錯覚である。このような錯覚をもたらしうるのが、ルソーによれば、友情と恋愛である。『エミール』第四編では主に友情が、第五編では主に恋愛が扱われている。ルソーによれば、現実には存在していない完全性を相手のうちに認めさせる恋愛は、幻想にほかならない。恋愛小説『ジュリ、新エロイーズ』の序文に次のように記されている。

恋愛は幻想にすぎない。恋愛は、いわば別の世界をつくりあげる。恋愛はありもしないもの、恋愛のみがあると思わせているものにとりかこまれる。（中略）感激は情念の最終段階である。情念は頂点に達すると、その対象を完璧なものとみなす。それを偶像化し、天上に置く。（中略）恋愛がもたらす感激は、もはや楽園、天使、聖人たちの美徳、天上のすみかの歓喜しか見せない。*54

「神」を意味する古典ギリシア語のテオスに由来する「感激」(enthousiasme)の語に、「神がかり」のニュアンスがあることに注意しよう。愛の言葉を語る本人には、じっさいにはありもしないものが見えており、それを真実だと思い込んでいる。恋愛の相手に認めた「完全性」にふさわしくあろうとして、さらには、自分も相手に「美徳の見本」を示そうとつとめることによって、自らをさらに高めようという意志を持つ。[*55] 美しいものに憧れ、自らの行為もまた美しくありたいという願いが、良心を洗練させると、単においしいものを食べたいといった生理的・身体的快楽よりも、自分が立派な徳ある存在となることによって、自分自身に満足し、魂の安らぎを得たいと望むようになる、とルソーはいう。

「良心」とは、そもそもは孟子の性善説にかかわる概念だった語が、明治初期にconscience, Gewissenなどの西洋語の訳語として定着したものである。広義には「意識」を意味するこれらの西洋語は、「他と共に知ること」、とくに「神と共に知ること」の意識ないし自覚を意味するラテン語conscientiaに由来するもの、あるいはその訳語である。ストア哲学においては、宇宙の合法則性(秩序)と人間の理性との照応関係を前提とした、倫理性を帯びた自己意識というほどの意味で、しばしば用いられていた。これらの語と同じ根を持った動詞は、再帰的に用いられて「私自身が知る」を意味する。個人に内面化した道徳意識という良心の含意はここに由来すると推測されている。自らの行為を裁き、悔悟し、改心へと向かわせる、人間の精神を規制する高次の法廷としての自己意識は、罪人に対する神の怒りの意識として、キリスト教倫理のなかで洗練された。罪責感を基底とする道徳意識としての良心の最も顕著な現象形態が、人目に隠れた罪をも心のなかで罰する「やましい良心（mala conscientia）」、「良心の呵責（compunctio）」である。

ルソーは、善や正義を希求する感情として良心をとらえ、潜在的な形で、「自己愛」（自己の保全と幸福の希求）とともに、人間の本性にそなわっているものだと考えた。[*56] 潜在的とは、発達した知的理性によって善と正義を認識するまでは積極的に働くことがない、ということを意味する。

> 理性だけが私たちに善と悪を認識することを教える。善を愛し、悪を憎ませる良心は、理性から独立したものである。しかし、理性がなければ発達しえない。理性の年令に達する前にも私たちは、そうとは知らずに善も悪もなすけれども、そのころの私たちの行為には、なんら道徳性がない。[*57]

多くのばあい、私たちが良心を強く感じるのは、自分の行いにもとづいて、自分を肯定的に評価するときではなく、自分の失敗をとがめるときである。

> あらゆる配慮の中で第一のものは自分自身への配慮である。しかし、他人を犠牲にして自分の幸福をなしているとき、それは悪をなしているのだと、なんど内的な声がいうことだろう。（中略）良心は魂の声であり、情念は身体の声である。[*58]

私は悪徳を犯すことによって奴隷であり、私の良心の呵責によって自由である。[*59]

「やましい良心」、自らの失敗をとがめる「内なる声」こそが、どれほどおかしな状況にあっても、私たちを正気にたちかえらせる。人間がつくりだしたありとあらゆる掟に反しても、自然にかなった秩序に従うことをうながす、「人間のほんとうの導き手[*60]」であり、良心によって、「私たちは物知りにならなくとも〔りっぱな〕人間になれる[*61]」のである。

美徳がもたらす幸福感

人間が生まれながらに持つ自己愛（自己保存と幸福への欲求）は自然の秩序にかなうものとされる。『エミール』では、この欲求を十全に充足することで、子どもに可能な限りで、子どもを自由で幸福にすることが、この時期の教育の目標とされた。もっぱら事物に依存して生理的欲求を充足するときに得られる以上の身体的な幸福はありえない、とルソーはいう。しかし、社会のなかで他人々と精神的＝道徳的関係をとりむすばざるをえない人間は、道徳的存在となることを強いられる。神は「善を認識するために理性を、善を愛するために良心を、善を選ぶために自由を私たちに与えられた[*62]」。自らの意志によって、神の意志にしたがう人が、「有徳な人間」である。

有徳な人間は、神がつくったままの自然にかなった秩序のなかで、自らの意志で適切な位置にとどまることができる人間である。良心を通じて、自分の存在が神の意志にそっていることを実感する有徳な人間は、他人の目に自らの姿が輝かしく見えているかどうか、とか、人間がつくった法や慣習によって高く評価されるかどうか、といったことには関心を向けない。有徳な人間は、自らの功績によって、幸福になるに値する存在である。自分の良心の肯定的な証言によって、自分が幸福に値する存在であることを確認するとき、「至福」という精神的な幸福感を味わうことができる、とルソーはいう。

> すべてが善である体系のなかに自分が秩序づけられていると感じること以上に甘美な至福があるだろうか。[*63]

> このうえない喜びは、自己自身に満足することにある。私たちが地上に置かれて自由を与えられているのは、情念に誘惑されながらも良心に引きとめられるのは、こうした満足に値する者となるためなのである。[*64]

> 善い行いをしたことを嬉しく思うことが、善行をなしたことの報酬であり、この報酬は、これに値するようになったあとでしか得られない。[*65]

この美への愛を我々の心から取り除いてしまえば、人生のあらゆる魅力を取り除いてしまうことになる。[*66]

至福と呼ばれる、このような精神的な幸福感について、ルソーは自身の生涯をふりかえりながら、「自分を尊敬するだけの価値があるのだ、快楽よりも義務を優先させることができるんだ、と思ったときの、あの内的満足を生まれてはじめて味わった」記憶をたどりながら、次のように記している。

ほんの少し前に非常に純粋な原則を採用し、知恵や徳の規定を自分でつくって、それにしたがうことにとても誇りを感じていたのに、そのあとで、自分自身に矛盾し、自分自身の格率をこんなに早く、正面から裏切ることの恥ずかしさが、官能の快楽に打ち勝ったのである。自尊心がおそらくは徳と同じほど、私の決心を助けたのである。もちろん、この自尊心は徳そのものではないのだが、その効果としては非常によく似たところがある。だからこの二つを混同しても許されよう。／善い行いをすることの利益の一つは、魂が高められ、さらに一段とよい行いをすることができるような状態に魂を置くことにある。悪事を犯そうという心の誘惑を退けることさえ、善い行いに数えなくてはならないほど、人間は弱いのであるから。決心をしてしまうと、私は別の人間になった。[*67]

自分自身の功績によって、自らの良心が自分の価値を認めたときに覚える至福という幸福感は、次の機会にも、美徳を重んじるようにうながす。人間が覚えるそれ以外の精神的な幸福は、ルソーによれば、みなまがいものである。

不遇なる有徳な人間

有徳な人間は、幸福になるにふさわしい存在である。しかし、堕落した現実の社会にあって、有徳な人間が正当に評価され、報いられるわけでは、必ずしもない。むしろ、おうおうにして、「善良な人間が忘れられているか、笑いものにされている」[*68]堕落した社会のなかで、有徳な人間は、傷つけられ、迫害される、不遇な存在となる。そこでは、ごく少数の富や権力を手にした人たちが、大多数の人たちを不当に圧迫しているのだ、とルソーはいう。

人間社会を冷静で利害にとらわれない目で見れば、なによりもまず、強者による暴力と弱者に対する抑圧しか見えない。精神は強者の冷酷さに憤りを覚え、弱者の無知を嘆かずにはいられない。人間たちの間にあって、おうおうにして知恵ではなく偶然が作り出した、強さと弱さ、豊かさと貧しさなどと呼ばれている外見的な関係ほど不安定なものはなにもないのだから、人間がつくりだした諸制度は、一見して、流砂の山の上に立っているとしか思えない。[*69]

裕福な人々は、貧しい大多数の人々の血と涙を平然と飲んでいる。いたるところで、強者たちは弱者たちに対して、法律というあやしげな力でもって武装しているのである。[*70]

悪意がある邪悪な人たちが富、権力、名声、ありとあらゆる幸運を我がものにしているように見える現実の社会にあって、有徳な人間にこそ、人間の尊厳があるとルソーは考える。そうであるならば、有徳な人間は報われなければならない。いかに人間がつくりだした現実の社会に病＝悪が満ちていても、世界（自然にかなった存在の連鎖）には秩序が行き渡っている。道徳的存在にも、秩序と正義があるはずである。そうであるならば、この世で得られなかった美徳の報いを、あの世で与える神が存在しないはずはない。「不遇なる有徳な人間」が来世で報いを受けるためには、死（肉体の破壊）の後にも魂が存続しなければならない。宗教にとらわれない道徳を経験科学として提示することをめざした啓蒙思想家たち（ディドロ、ドルバック、サン＝ランベールなど）に反対して、「信仰なしにはいかなる真の美徳も存在しない」[*71]という立場にルソーがこだわる理由は、ここにある。自分の善行を認める良心の証言がもたらす幸福感をルソーは至福（フェリシテ）と呼ぶ。この言葉は、そもそもは、キリスト教の福者、すなわち、その美徳によって神に喜ばれ、天国に導かれる人を指す。また、『ジュリ、新エロイーズ』で、主人公がつくる家庭を中心に、近隣へと広がる理想郷、クララン共同体で、主人公とその家族だけが入ることができる特別の場所は、エリゼの園と名づけられた。エリゼとは、有徳な人間が死後に導かれる楽園を意味するギリシア語のエリュシオンから来ている。

最高の幸福（至福）に値するはずの有徳な人間が、堕落した現実の世界にあっては、しばしば不遇になってしまう。そのため、幸福（不幸にならないこと）への希求と、有徳であろう（神に喜ばれる存在であろう）とすることへの希求という、ふたつの切実な願いが、しばしば、両立不可能となり、緊張関係に置かれてしまう。どちらかを選び、どちらかを断念する決断を強いられる。他人を犠牲にして幸せになること、自分が値しないはずの幸せを不正に手に入れることを選ぶなら、自らの内なる声、良心の声に耳をふさがなければならない。押し殺しても聞こえてくる、自らをとがめる良心の声は、おおよそ人間が覚えるもっともつらい精神的苦痛である、とルソーは考える。

有徳な人間となるためには、しばしば、目の前にある幸せをあきらめなければならない。それは、たやすいことではない。難しいからこそ、強い意志を持って選ばなければならないのだ、とルソーはいう。

〝美徳〟という言葉は〝力〟という言葉に由来する。力はあらゆる美徳の礎である。美徳は、その本性によって弱く、意志によって強い存在にのみ属するものである。正しい人間のほんとうの価値は、そういうことにのみ存する。私たちは神を善良だとは言うけれども、有徳だとは言わない。神は善をなすために、努力する必要がないからである。[*72]

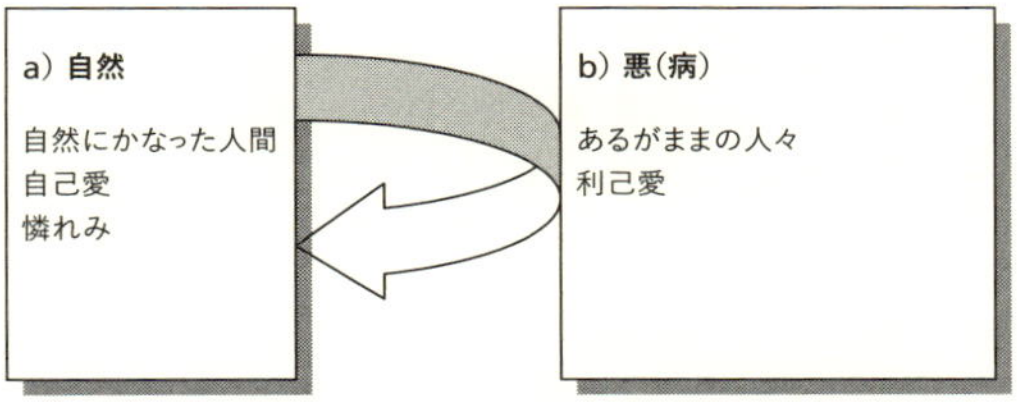

図6　従来のルソー思想解釈イメージ1：「自然に帰れ」

美しいものを知ることは、必ずしも美しいものを選ぶことにはつながらない。美しいものを愛するのでなければ、美しいものを選べるとは限らない。いつわりの欲望を断念して、ほんとうに美しいもの（神が望むもの）を選ぶことは、たたかいなしでは実現できない。

病＝悪を診断する思考実験

これまで、ルソーの思想についての研究は、おおむね二つの相いれない方向に分かれた形で蓄積される傾向にあった。第一の方向は、主に、教育思想やロマン主義文学への関心からルソーを読む論者に認められる。自然から外れ、病＝悪にせめさいなまれる現実から逃れるために、過去にあったとされる自然にかなった状態、野生の状態へと帰ろうとする試みとして、ルソーの作品を読もうとする［図6参照］。

しかし、注意しよう。ルソーについて言及した教科書や概説書に必ずといってよいほど記されている「自然に帰れ」という言葉は、ルソーのどの作品にも、ただの一度も現れることがない。むしろ、自然に帰ることなど不可能だ、とルソーは断言しているのである。

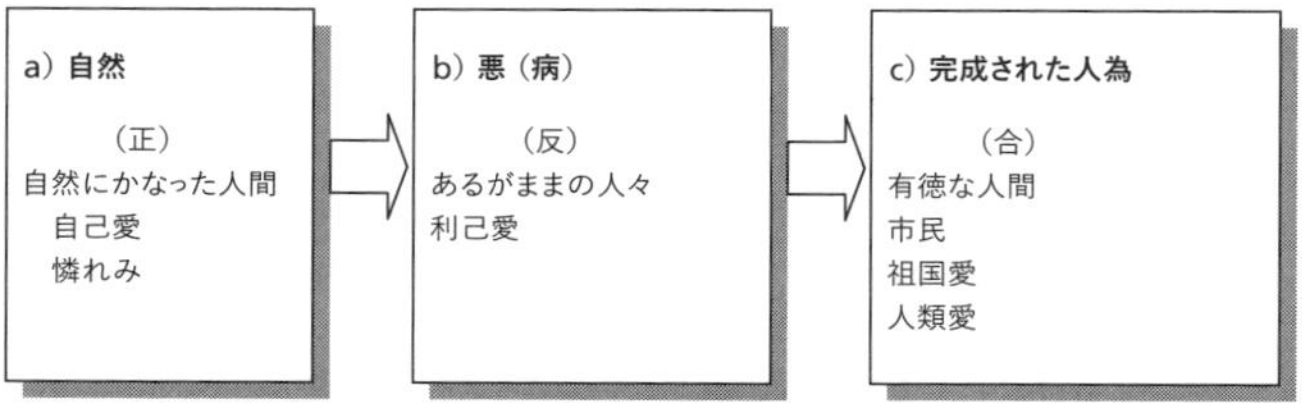

図7 従来のルソー思想の解釈イメージ2：自然と人為の対立を乗り越える弁証法

> 人間本性は後戻りせず、一度無垢と平和の時代から離れたら、決してそこへは戻らない[*73]。

著者がはっきりと否定していることでも、読者が「読みとってしまう」ことはありうるし、そうした読解が歴史的に意味を持つこともないわけではない。しかし、このような図式的な理解は、少なくともテクストにそくして学問的に論証することは不可能だと筆者は考える。それにもかかわらず、少なからぬ人々がこのような読み方を選んできた理由は、原著者ルソーの側にではなく、そのように読みたいという読み手の側に、あるいはそのように読ませたいという翻訳者や解説本の筆者の側にある、と考えられる。

ルソーの思想研究の二つ目の方向では、自然にかなった生き方から離れ、病＝悪に苦しむことになってしまった現実を乗り越えるために、理想の世界をつくる試みとしてルソーの思想を読み解こうとする。すなわち、正（テーゼ）、反（アンチテーゼ）、合（ジンテーゼ）の形の弁証法として、ルソーの作品を読もうとする。主に政治思想に関心を持つ論者に認められる［図7参照］。

『社会契約論』のまとまった形の最初の草稿（通称『ジュネーヴ草稿』）にルソー自身が記している言葉は、この解釈を裏づけるようにも見える。すなわち、「幼い人為が自然になした悪に対する償いを、完成された人為のなかに見いだす」とか、「悪＝病そのもののなかから治療薬を引き出す」といった記述である。[*74]

しかし、すでに見たように、ルソーは自分の作品世界を自ら破壊しようとした。『社会契約論』の後半では、いかに立派に整えられた国家も、いずれは衰退し、滅亡することが避けられないとしたうえで、できるだけ衰亡の速度を遅らせるためになにができるのかが論じられている。ルソーは、完全な民主政は神にこそふさわしいものであって、人間たちの手にあまるものであるとも主張した。[*75]有徳な市民たちからなる理想的な国家の建設によって、悪＝病の問題が解決できるなどとは、ルソーはまったく考えていなかったようである。

このように、これまでの多くの研究が示すところとは異なって、ルソーは、自然に帰ることも、理想の国家を建設することも、意図してはいなかったように思われる。ルソーは「自然に帰れ」と言ったのではない。自然にたちかえって考えてみれば、いかに自分たちが自然から外れてしまったのか、そのことがどれだけの苦痛（不幸、病）をもたらしているか、わかるはずだ、と主張したのである。「現在もはや存在せず、おそらくは過去にも存在したことがなく、たぶん未来にあっても存在することはないであろうひとつの状態、それにもかかわらず、それについて正しい観念を持つことが私たちの現在の状態についてしっかりと判断するために不可欠であるようなひとつの状態[*76]」

について考えることは、いわば、頭のなかで行われる実験、思考実験にほかならない。

神が造ったままの、「自然にかなった状態」や「自然にかなった人間」について考察することは、ふだん私たちが見ようともしない、私たち自身の姿を細部まではっきりと映し出す、特別な鏡のような役割を果たしている。物理的な鏡ではなく、頭のなかで行われる思考実験のためにあつらえられた、いわば理論的な道具である。この理論的鏡に映し出された自分の姿を見て、私たちは気づくはずである。私たちがあたりまえだと思っていたことが、少しもあたりまえではない、と。それをあらためれば、どれほどの苦痛を避けることができるのか。苦しんでいる病＝悪が、いかに自然からはずれているのか。なぜ、このような病＝悪が私たちをむしばんでいるのか。この病＝悪はどこから来たのか。

まったく同じように、理想的な国家を考察したことも、それを理論的な鏡として、自分自身が置かれた状況を映して反省するためのしかけにほかならない。「〔現実に〕存在するものをしっかりと判断するためには、〔理想として〕存在すべきものを知らなければならない」[*77]のである。『告白』などの自伝的著作においても、ルソー自身の生きざまが「不遇なる有徳な人間」と混ざり合って語られる。ルソーの作品世界で、幸福に値するはずの登場人物がことさらに不遇に描かれることによって、この人たちを不遇にしている現実の社会に認められる病＝悪の根深さが、くりかえし暴かれるしくみになっている。現実にあるがままの利己的な人間たちを前提として、理想の国家について語る『社会契約論』では、現実の人間たちが抱える問題があらわにされる。堕落した社会

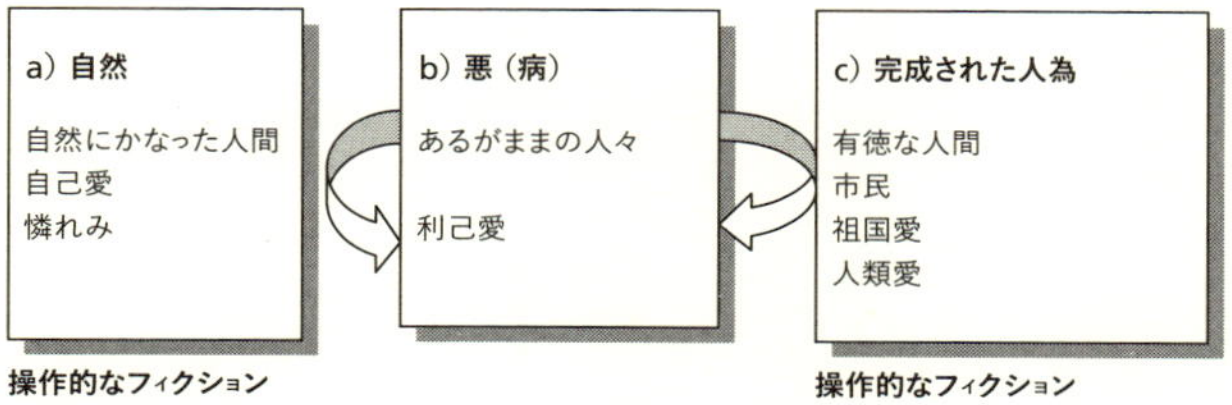

図8 筆者によるルソー思想の解釈イメージ:病の診断

のなかで理想の教育について語る『エミール』においては、現実の社会が抱える問題があらわにされる。

このように見てくると、ルソーの思想はぜんたいとして、私たちが苦しんでいる病＝悪がどのような構造を持ち、どのような原因で生じたのかを明らかにすること、つまり、病＝悪を診断することを意図したものとして理解できるように思われる[78]［図8参照］。

エミールとソフィの出会い（お見合い）について語りながら、「私」は次のように述べていた。

> なすべきだったことを言ったなら、言うべきだったことを言ったことになる。小説を書いたことになったとしても、かまいはしない。人間の自然本性を描いた小説は充分に美しい小説である。それがこの著作にしか見られないとしても、それが私のあやまちだろうか。その小説は私が属する種の記録となるにちがいない。人類を堕落させているあなたがたこそ、私の本を小説にしてしまっているのである。[79]

ルソーが描く自然にかなった人間も、有徳な人間も、理想的な国家の市民も、現実のこの世界では、ほとんど目にすることはないかもしれない。それらをルソーの作品のなかにだけ現れる絵空事のように考え、ルソーは正気ではないのだと思う読者もいるだろう。じっさい、ルソー自身も、『エミール』について、「教育論を読んでいるというよりも、教育についての幻視者の夢想を読んでいるように思うことだろう」[*80]と記していた。ルソーの時代、「幻視者」や「夢想」の語は、狂気と強く結びつけられてとらえられていた。しかし、ルソー自身は、まったく正気で書いているつもりでいたのである。正気を失った人たちのあいだでは、自分は狂人にしか見えないだろう。そう、ルソーは思っていたのだった。

ここまでたどってくると、『エミール』に認められる、さまざまなしかけがなぜ必要だったのか、その理由が理解できるのではなかろうか。ルソーはまず、あらゆる条件を満たした、まるで神のような存在とされる家庭教師が完全に支配統御している空間のなかで、理想の教育の原理原則を示す。次に、現実に行われている教育にこの理想をぶつけてみるのである。たとえば、ある段階まで理想の教育空間で育てられた子どもを、家庭教師が守っている空間の外に出して、通常の教育に触れさせる。そうすると、子どもはたちまち、堕落し、傲慢になってしまう。あるいはまた、ある段階まで通常の教育を受けて「頭がおかしくなった」子どもを、家庭教師が支配している空間のなかに引き入れてみる。子どもがかかっている「病」を癒そうとすると、当の子どもの知らないうちに、じつに手の込んだ対処が必要となる。どれほど、家庭教師が手をつくしてみても、つぎつぎに問題が現れてきて、さらに手の込んだ治療が必要になる。それを見れば、病気になってから治療しようと苦労するのではなく、病気にならないように可能な限り予防しなければならないのだと、ルソーは読者を説得していることがわかるであろう。

理想の教育の原理原則を示す際に現れる「私の生徒」、すなわち、「ほんもののエミール」よりも、現実の教育によって損なわれてしまった子どもをなんとか治療しようとするさいに登場する「通俗的なエミール」が、いっそう読者の気を引き、記憶に残ったことは、少しも不思議ではない。読者を説得しようとするルソーの文才は、理想と現実とが衝突する脱線部分でこそ、いかんなく発揮され、光彩を放っているからである。

このような理解がただしいとすれば、ルソーの思想を理論的な鏡として活用したとき、私たち自身が苦しんでいる病＝悪について、しっかりと考えることができるかいなか、それが、現在もなお、ルソーの思想がみずみずしい生命を保っているかいなかをはかるための、ものさしとなるはずである。

＊1　ジャン＝ジャック・ルソー、『ダランベールへの手紙』原注、『ルソー全集』第八巻、一五八ページ。

＊2　『ルソー書簡全集』六六七三。

＊3　ジャン＝ジャック・ルソー、『エミール』第五編、五五六ページ。

＊4　ジャン＝ジャック・ルソー、『山からの手紙』第一の手紙、

『ルソー全集』第八巻、二〇六ページ。

*5 ジャン＝ジャック・ルソー、『学問芸術論』序文、『ルソー全集』第四巻一一ページ。『エミール』序文、六ページ。

*6 『エミール』第二編、一〇四ページ。

*7 『エミール』第一編、八－九ページ。

*8 『エミール』第一編、三五ページ。

*9 『エミール』第二編、五七ページ。

*10 『エミール』第一編、四四ページ。

*11 ジャン＝ジャック・ルソー、『人間不平等起源論』第一部、四八－四九ページ。

*12 『人間不平等起源論』第一部、六七－六八、八五－八九ページ。

*13 『エミール』第一編、二一ページ。

*14 『エミール』第一編、四三－四四ページ。

*15 『エミール』第一編、一四ページ。

*16 『エミール』第一編、八ページ。

*17 ライプニッツ『神の善性、人間の自由、悪の起源に関する弁神論試論』、佐々木能章邦訳、『ライプニッツ著作集』第六～七巻。最善観をめぐる問題に焦点をしぼった優れたルソーの思想の研究に次がある。川合清隆、『ルソーの啓蒙哲学』、二九〇－三一七ページ。

*18 ヴォルテール『哲学事典』、五八－六三ページ。

*19 Voltaire, *Poème sur le désastre de Lisbonne*, in *Mélanges*., p.304.

*20 *Poème sur le désastre de Lisbonne*, in *Mélanges*., p.308.

*21 『ヴォルテール氏への手紙』、『ルソー全集』、第五巻、二二ページ。

*22 『ヴォルテール氏への手紙』、『ルソー全集』、第五巻、、一四ページ。

*23 『ボーモンへの手紙』、『ルソー全集』、第七巻、四六二ページ。『対話』第一対話、『ルソー全集』、第三巻、三九ページも参照。

*24 『エミール』第三編、一八六ページ。

*25 『エミール』第四編、三〇七ページ。

*26 『エミール』第一編、二六ページ

*27 『エミール』第二編、一〇七ページ。

*28 梅根悟、『国民教育の改革』、一七七ページ。

*29 『エミール』第二編、六八ページ。

*30 『エミール』第二編、一五四ページ。

*31 『エミール』第二編、六九ページ。

*32 『エミール』第四編、三六八ページ。

*33 『エミール』第四編、三六六－三七六ページ、四〇一－四〇二ページ。第五編、四七二ページ以下。

*34 『エミール』第四編、四〇一ページ。

*35 『エミール』第五編、四七二ページ。

*36 『エミール』第五編、四七六ページ。

＊37 『エミール』第五編、五〇二―五〇三ページ。
＊38 この論点については、さしあたり次を参照。Jean-Luc Guichet (dir.), *La question sexuelle : interrogations de la sexualité dans l'œuvre et la pensée de Rousseau*.
＊39 『人間不平等起源論』原注、一八四―一八五ページ。
＊40 『エミール』第二編、七一ページ。
＊41 パスカル、『パンセ』、ブランシュヴィックによる断片番号四八五、一九二ページ。
＊42 Jacques Abbadie, *L'art de se connaître soi-même*, p.150.
＊43 cf.Maria-Cristina Pittasi, « Marie Huber, *Lettres sur la religion essentielle à l'homme, distinguée de ce qui n'en est que l'accessoire (1738)* », in *Rousseau, Calvin, Genève*, p.36.
＊44 『エミール』第五編、四九六頁。
＊45 くわしくは、坂倉裕治『ルソーの人間形成論』第一部第一章を参照。
＊46 モンテスキュー『法の精神』、上巻、一九八―一九九ページ。
＊47 d'Holbach, *Système social*, I-14, p.180.
＊48 『エミール』第四編、二三〇―二三一ページ。
＊49 ジャン＝ジャック・ルソー、『社会契約論』第二編第一章、『ルソー全集』第五巻、一三一ページ。
＊50 『エミール』第四編、二三〇ページ。
＊51 『人間不平等起源論』八二ページ。『エミール』第二編、六五、一〇一ページ。
＊52 Lettre de Diderot à Mme de Maux, mai1769: *Correspondance*, t.IX, p.61.
＊53 d'Alembert, « Réflexions sur l'usage et sur l'abus de la philosophie dans les matières de goût », *Œuvres complètes*, t.IV, p.333.
＊54 ジャン＝ジャック・ルソー、『ジュリ、新エロイーズ』第二の序文、『ルソー全集』第一〇巻、四三九ページ。
＊55 ジャン＝ジャック・ルソー、『道徳書簡』一、『ルソー全集』第一〇巻、四九九ページ。
＊56 『エミール』第四編、三〇三ページ。
＊57 『エミール』第一編、四二―四三ページ。
＊58 『エミール』第四編、三一二―三一三ページ。
＊59 『エミール』第四編、三〇四ページ。
＊60 『エミール』第四編、三一三ページ。
＊61 『エミール』第四編、三一八ページ。
＊62 『ジュリ、新エロイーズ』第六部書簡七、『ルソー全集』第一〇巻、三五五ページ。同書、第三部書簡二一、『ルソー全集』第九巻、四五一ページ、『エミール』第四編、三二二ページも参照。
＊63 『エミール』第四編、三二〇ページ。
＊64 『エミール』第四編、三〇六ページ。同書、三〇九ページも参照。

＊65 『エミール』第四編、三一九ページ。
＊66 『エミール』第四編、三一四ページ。
＊67 ジャン＝ジャック・ルソー、『告白』第六巻、『ルソー全集』第一巻、二八六ページ。
＊68 『エミール』第四編、二五一ページ。
＊69 『人間不平等起源論』序文、三六―三七ページ。
＊70 ジャン＝ジャック・ルソー、『戦争法原理』、『人間不平等起源論』（講談社学術文庫）に併録、一九二ページ。
＊71 『エミール』第四編、三四五ページ。
＊72 『エミール』第五編、五一八ページ。
＊73 ジャン＝ジャック・ルソー、『ルソー、ジャン＝ジャックを裁く―対話』第三対話、『ルソー全集』、第三巻、二九四ページ。
＊74 ジャン＝ジャック・ルソー、『ジュネーヴ草稿』、『ルソー全集』第四巻、二七九―二八〇ページ。
＊75 『社会契約論』第三編第四章、『ルソー全集』第四巻、一七五ページ。
＊76 『人間不平等起源論』、三一ページ。
＊77 『エミール』第五編、五三六ページ。
＊78 ほぼ同じ視点からルソーの思想の構造をとらえようとした研究に、以下がある。吉岡知哉『ジャン＝ジャック・ルソー論』。Alexis Philonenko, *J.-J. Rousseau et la pensée du malheur*.
＊79 『エミール』第五編、四七九ページ。
＊80 『エミール』序文、六ページ。

第3章

「魅力を磨く競争」を問う

快適で安楽な生活を求める私たちの欲望を満たすための技芸の洗練、
進歩の陰で、不幸が拡大し、積み重なってきたのだ、とルソーはいう。
人間たちの心が堕落し、見た目(外見)と中身にずれが生じ、
ずれ幅が拡大してきたのだ、とルソーはいう。
見た目の上では善人であるかのようにふるまいながら、
心のなかでは、快楽をひとりじめにして、
ほかのすべての人が不幸になることをのぞむような不誠実な人間たちが、
まぼろしの幸福、富、権勢を求めて争っているのだ、とルソーはいう。
本章では、私たちが生きている現実が、
ルソーの思想に照らしてみたとき、どのように映るのか、考察する。

私たちが生きる社会では、住まい、生活様式、礼儀作法、言葉づかい、服装、装飾品、化粧、香水、健康的な身体、学識教養、芸術、スポーツなどを通じて、他の人たちの目に映った自分の魅力（評価、評判、尊敬、好意）を高めようとする競争が、いたるところでくりひろげられている。より「条件がよい」職場に就職するために、採用のさいに高く評価されそうな学歴や資格を得ようとする人たちがいる。より「スペックが高い」パートナーと結ばれるために、財力を蓄えたり美貌をみがいたりする人たちがいる。実力以上に恵まれた生活を送っているかのように他の人たちの目に映るように、ありとあらゆる道具を揃え、見せびらかそうとする人たちがいる。こうした競争のなかにあっては、つい先ほどまで欲しくて手をのばしていたはずのものも、手に入った瞬間、どうでもよくなってしまうことも少なくない。もっとよいものを、もっとめずらしいものを、もっと人がうらやむものを、と欲望はとどまるところを知らずに膨れ上がり、新たな対象を求めて更新され続ける。成功した者はさらなる成功を期待して、まだ成功していない人はいつかは成功したいと期待して、決して満たされることのない、とめどない期待を抱きながら、欲望につき動かされている人たちがいる。私たちの社会で、生産、流通、サービスに携わる人たちに大きな利益をもたらしたり、多くの人々の注目を集めたりしているのは、必ずしも私たちの生存を支えるために必要不可欠な生理的・身体的欲求（自己愛）に応じるものばかりではない。むしろ、次から次へとかきたてられる文化的な欲望（利己愛）に応じる、「付加価値が高い商品」にかかわる仕事の方が、注目される傾向にある。まだ使えるものでも、他の人たちから高く評価されないものについては、他の人たちの目に触れると「みっともない」と、使うことに躊躇を覚えることもある。こうして、いたるところで、ものが大量につくられ、存分に利用されることもなく捨てられていく。

1 もちものを見せびらかせたいという欲望

顕示的消費

しばらく、ルソーのあとで展開されたいくつかの議論を参照してみることにしよう。抜きん出た社会的地位（武人、聖職者）や財産を持つがゆえに、生産的労働に従事することを免除されたり禁じられたりしたために、膨大な閑暇（ひま）を持った人たちは、娯楽や社交に興じてときをすごした。このような「有閑階級」の人たちの生活を描いた、ソースティン・ヴェブレンの処女作『有閑階級の理論』（一八九九年）では、豪華な邸宅、家具、調度品、パーティー、衣装、装飾品に認められる合衆国の大富豪たちの生活ぶりが、いわゆる未開人たちのポトラッチ、羽根飾り、狩猟、祭祀などと重ね合わせて考察されている。貨幣経済の発達が認められない古代社会においてさえ、他の人たちに対する自分の優越を示すために、財力、地位、名誉などを誇示するふるまいが広く認められる、とヴェブレンは指摘する。とりわけ、「財産結婚」によって女性の捕虜を所有することで自らの武勇を誇示することに、私有財産制と誇示的消費の起源が認められるという。

ヴェブレンによれば、人類の歴史の大部分は「圧倒的な貧困にもとづく平和という古代的状態」であった。効率よくものをつくり、繁栄する部族が出てくると、略奪する部族も出てくる。略奪する側にとっても、防衛する側にとっても、武勇が社会的名声を得るための主要な手段となる時代がおとずれる。やがて、交易によって平和的に莫大な財産を蓄える者も出てくる。社会の大多数の人たちが、なんらかの形で地位、富、名誉の獲得競争に参加するようになると、獲得・蓄積された富の量をこれ見よがしにひけらかし合うようになる。有閑階級の人たちの存在は、「未開の地」だったアメリカが資本主義大国へと発展していく過程で、略奪によって他の人たちよりも優位に立とうとする「開拓者精神」を基盤にしながら、はっきり目に見えるようになったのだという。有閑階級の人々の特徴は、必ずしも実用性がない品であっても、自らの財力を見せびらかし、自らの力を見せつけることに役立つ品を集めようとする消費行為、生活様式に顕著にあらわれるという。価格が高いということそれじたいが、どうしてもそれを手に入れたいと望む理由となりうる。自分たちよりも「劣った」人たちにはとうてい買えないものだからこそ、見せびらかすことに意味がある。自分たちの手にはとても届かない、きらびやかな生活を目にした大多数の人たちもまた、少しでも「上の」生活を送りたいという願いを抱いて、有閑階級（上流階級）の生活を羨ましいと思うようになる。とはいえ、流行のファッション、家具調度、高等教育などにあこがれた社会の大多数の人たちが、じっさいに手に入れることができるものは、皮肉なことに、ごく一握りの上流階級の人たちが手にしている「ほんもの」とは異なり、ほんものによく似た「まがいもの」であることがほとんどである。社会のあちこちに、まがいものを獲得するためにあくせくと競争するのが見られるようになる。ヴェブレンが用いた「誇示的消費（Conspicuous Consumption）」、「誇示的余暇（Conspicuous Leisure）」、「金銭獲得競争（Pecuniary Emulation）」、「代行消費（Vicarious Consumption）」など、当時は目新しかった用語も、こんにちでは広く知られ、用いられるようになっている。

ロジャー・メイソンの論も、この問題をめぐる要を得た経済理論史として参考になる。社会的成功を勝ち取った人は、あらたな地位を維持するために、それにふさわしい消費生活を送らないわけにはいかない。服飾品など目に見える所有物を通じて、財力をはっきり見せつけることで、特定の集団のなかでよい評判を得るとともに、同類たちから抜きん出ることが重要だと考えられるようになる。メイソンによれば、「顕示的消費」は、一九世紀中葉に顕著になったもので、一九世紀後半は、「地位革命の時代」ということができる。さらに、これから社会的成功を勝ち取ろうと望む人たちのなかには、将来手に入れたいと望んでいる地位に見合うはずの消費生活を、地位の獲得に先立って、あらかじめ手に入れてしまおうとする傾向を示す人たちが認められるという。興味深い指摘である。*1

このように、実用的な道具としての利用価値以上に、社会的な意味を与えられた記号として品物が消費されることについて、とりわけ、他人と自分を差異化して自分が「自分らしく」あることを社会に示す記号として意味を持つことについては、ジャン・ボードリヤールの『消費社会の神話と構造』が論じている。

2 競われるぜいたく

一八世紀の奢侈論争

香り、味、食感や肌触りといった、自分自身の五感で感じ取る心地よさを味わうことよりも、自分に対する賞賛の念を他人のまなざしのなかに求めることに、人間たちの不幸の源がある、とルソーは指摘した。ヨーロッパ、とりわけフランスにおいて、高級な品物をこれみよがしに見せつけることへの情熱が広まっていったのは、ルソーが活躍する時代よりも少し前、太陽王と呼ばれるルイ一四世の統治下であったと考えられている。王族や貴族たちによって、競うように豪奢な宮殿、城館が建てられた。狩りのために一時的に国王が滞在する山城にすぎなかったヴェルサイユが、大規模な拡張工事によって宮殿として整備されるきっかけとなったのは、宰相マザランのもとで財務大臣をつとめたニコラ・フーケの城館、ヴォー＝ル＝ヴィコント城に対する国王の嫉妬心があったといわれる。イタリアから絹織物の、オランダから毛織物の熟練工が呼び寄せられ、王立の織物工房がつくられた。ルソーが活躍した時代にかけて、目にした者を驚かせたり、感嘆させたりするめずらしいものを競って集め、展示することが、王侯貴族のあいだで流行した。植物園、動物園、展示室には、遠く離れた場所から持ち込まれた、目にしたこともないような動植物の標本、品々が集められた。自然を完全に支配していることを見せつけるかのように樹木を幾何学的に配置した庭園を備えた、贅を尽くした城館では、豪奢な家具調度品に囲まれて、凝りに凝ったごちそうで来賓たちがもてなされたのだった。

いうまでもなく、ルソーの時代にぜいたくな品物を手にすることができたのは、王族、貴族、そして、成功した大商人など、ごく一部の人たちだけであった。奢侈（ぜいたく）は人間を柔弱にして道徳の頽廃を招くとして奢侈を批判する論者と、それに反論して奢侈を擁護しようとする論者とのあいだで、激しい論争が一八世紀のイギリスやフランスで広く展開されたことはよく知られている。虚栄心や奢侈など、個人の悪徳と呼ばれるものこそが、めぐりめぐって一国の経済的繁栄、公益をもたらすのだというバーナード・マンデヴィルの『蜂の寓話、私悪すなわち公益』は、キリスト教にもとづいた伝統的な倫理観を重んじる人たちから激しく反論された。これに対して、デビット・ヒュームは、奢侈と呼ばれるものは、人間の生活を豊かにする「技芸の洗練」と表現する方が適切だとして、経済的効用の立場から奢侈を擁護した。[*2] ヒュームの主張は、フランスではジャン＝フランソワ・サン＝ランベールらの奢侈擁護論[*3]に受けつがれた。

アンシャン・レジーム（フランス革命以前の旧体制）下のフランスでは、王族や貴族が身分に見合った高級品を消費することに対して、必ずしも大きな批判はなかった。ところが、平民が貴族と見まごうような生活をすることは、社会の秩序を乱しかねない有害な放蕩として、はげしく批判された。奢侈の不道徳を告発する当時の議論の多くには、分不相応の生活を望む平民に対する没落貴族の反感が込められていたという。そもそも、貴族はその高貴な身分ゆえに、商業など利潤を求める「不名誉な」職業につくことができなかったため、一部の豪商の購買力とは競争できない弱小貴族も少なくなかった。この文脈で、「奢侈」とされるのは、従来は貴族の専有物として象徴的な意味を持っていた着衣や装飾を富裕な平民が所有し、身にまとうことである。奢侈が国家の秩序を乱すと批判されるのは、身分の区別を見分けにくくして、身分のちがいを基盤として維持されていた社会秩序を脅かすと考えられたからである。[*4]

目に見える消費行動、生活様式が必ずしも身分と対応しなくなっていったことは、教育のありようにも大きな影響を及ぼした。生まれによって貴族と平民を隔てていた壁が、礼儀作法、経済力、教養といった、条件さえ整えば獲得することが不可能ではない要因によってつきくずされ、身分の区別が曖昧になってくると、ステイタス・シンボルとみなされた上位の人々の服装、立ち居ふるまい、消費生活、生活様式を模倣することによって、自分たちも上位の人々の仲間入りができるかもしれない、という期待が高まっていった。子どもの教育を通じて一族の名声を高めることも、そのための有力な手段とみなされるようになり、教育は高度な消費文化に組み込まれ、子どもの成功は親の虚栄心やプライドを満たすための手段となった。名声と威信の獲得競争のなかで、学校教育に期待されたのは、「個人の能力の開花」を助けること（伝統的な教育学研究者は、しばしばこうした理想を高く評価してきた）などではほとんどなく、むしろ、自分の子どもを他の子どもたちから際立たせ、抜きん出させ、少しでも高い社会的地位と収入を獲得させたいという期待であった。自分と他人の差異を際立たせることによって、自分の威信を誇示し、相手を排除しようとする「近代固有の精神」が、学校教育の爆発的な普及を下支えする役割を果たしたのである。[*5]

出自から功績へ

奢侈や顕示的な消費が問題となる背景として、身分のちがいによって割り当てられていた社会的地位が、能力や功績にもとづいて配分されるように、少しずつ変化していったことが決定的に重要である。フランスにおける伝統的な貴族は、戦争で功績をあげ、国王から貴族の身分を与えられた「帯剣貴族」である。これに対して、一七、一八世紀には、商業などで成功した平民が没落した貴族から官職を買い取ったり、学芸の才能を認められて官職を与えられたりすることで、貴族の身分を得る例がめずらしくはなくなった。このような新しいタイプの貴族を「法服貴族」と呼ぶ。[*6] 啓蒙思想の担い手たちには、法服貴族の家系に生まれたり、貴族の称号は持たなくとも貴族と見まごう生活をしていた人たちも少なくない。

コンディヤックの感覚論哲学を政治や道徳といった実践的領域に応用しようと試みたエルヴェシウスは、快楽を求め苦痛を避ける快苦原理にしたがってとるべき行動を選びながら、自分に都合がよい環境を自らつくりだすことが人間には可能である、と主張する。とくに、先天的な能力の差異を原則として否定して、人々の間に現実に見られる能力差を、①環境、②自らを教育しようとする欲望の程度、の二つの要因の差異から生じたものだ、と考える。そこで、①生徒の発達に好ましい環境を整備すること、②学習意欲をかきたてること、の二つの面から、効率的な教育方法が模索された。エルヴェシウスによれば、観念、刺激への反応、人間の性格はすべて、環境の操作を通じて人為的につくられるものであり、「教育に不可能なことはなにもない」[*7]。

エルヴェシウスが極端に環境を重んじて先天的素質の差異を軽視したことには、二つの理由が考えられる。第一に、議論の認識論的な基盤となっているコンディヤックの感覚論哲学の影響が認められる。人間の認識能力がそもそもどのようなもの（どのような本質を持ったもの）かではなく、どのように働くもの（どのような機能を持ったもの）かを検討することに力を注いだコンディヤックは、正常に機能する状態にある身体組織を備えた個体を前提として議論をすすめ、身体の各部がどのように機能するようになるのか、鍛えられるのか、を問題としなかった。これに対して、ディドロは、現実の人々のあいだに認められる感覚器官の繊細さの差異を、もっぱら後天的に獲得されたものとみることには無理があるという、より現実的な立場をとる。

第二に、エルヴェシウスの思想的戦略を考慮する必要がある。公衆の最大幸福を制度的に保証する立法のもとで、名誉心が喚起する注意力こそが「天才」をつくりだすのだというエルヴェシウスは、情念を適切に導けば、天才の数を増やすことは、あるいは少なくとも、良識をそなえた人の数を増やすことは、十分に可能なのだという。この議論には、ひとりひとりの人間の能力を開花させることと、文明化された社会をさらに進歩させることとを、矛盾なく促進する可能性を確保したいという意図が見える。この点は、程度の差こそあれ、啓蒙思想家たちのあいだで共有されていた。

この第二の論点については、想定されていた論敵との関係のなかであらためて吟味し、エルヴェシウスの極端に単純化された議論の主旨を探る必要がある。世襲的な身分制秩序を解体したフランス革命を理論的に準備したとされる啓蒙思想家たちは、生得的な素質のちがいよりも後天的に獲得される能力差によりいっそう注目し、能力、実力に応じて社会的役割を再配分するように求めた。ここに、能力の獲得手段としての教育が、従来以上に大きな意味を持つようになる。一九世紀以降、ひとりひとりの功績(メリット)に応じて社会的地位を配分し、能力や功績がある人たちが社会の指導的な役割を果たすべきだという考え方、すなわちメリトクラシーが、近代社会の正義にかかわる基本原則となった。この文脈で、諸個人のうちに潜在的な状態にとどまっている能力を開発し、それを通じて社会の明るい未来の実現に寄与しうる人為として、教育は重要な役割を担うと期待された。

しかし、メリトクラシー論には歴史的制約があったことも、見逃してはなるまい。先祖の功績と家門を受け継ぐ王族、貴族の血統によって身分の上下関係が厳格に定められていた（閉ざされた）旧来の封建的秩序にかえて、個人の才能と功績にもとづく社会的役割の配分を通じて身分がたえず入れ替わりうる流動的な（開かれた）秩序への転換をうながすという主張は、理論的には野心を追求する機会の平等を要請する一方で、「優れた者による劣った者の支配」という位階制の原理を、むしろ徹底する面をもあわせ持っていた点に、注意しなければならない。[*8] 啓蒙思想家たちの著作のなかで、旧来の支配階層を批判する文脈では「平等」の語が多用されている一方で、下層の人々に対しては、かえって、自分たちの「優越」を強調する言説が認められることにも留意したい。

生存に不可欠な必需品、特定の社会にあって広く享受されている便宜品にとどまらず、一部の人たちだけに許されたぜいたくな奢侈品を従来よりも多くの人々が求めるようになり、奢侈品を供給するために技芸がますます洗練されることは、必ずしも公共善（公益）への愛を消滅させない。むしろ、豊かな消費活動を通じて、奢侈はかえって政治体制を安定させるのに寄与する。そのように啓蒙思想家たちはいう。個人間に見られる能力差の原因が先天的要因に求めることができないのであれば、世襲的な特権階級の存在根拠が問われることになる。出自（生まれ）にもとづいた封建的位階制にかえて能力に応じた地位配分を求める実力を蓄えた平民たちにとって、教育の効率化は、すでにうち立てられた支配被支配関係を相対化し、経済的実力に応じた政治権力の配分を要求するための有力な手段となりうる。教育によって獲得され、認定される能力は、じっさいに知性を行使することができた限られた人たちが一般大衆から抜きん出る（自他を区別し、差異化する）ことを正当化する根拠となりうるものだった。このような新たなしくみをうち立てようとした知識人たちには、おうおうにして、大衆の無知に対する不信や軽蔑が認められる。そこで、大衆に自律的ないし意志的な努力を求めることなしに実現しうる新たな社会秩序を創出し、これを維持する方法（立法）が、あわせて理論化されなければならなくなる。メリトクラシー論にもとづいた教育を立法によって補完することで、「教育のある者」による「教育のない者」の支配統御という原理原則を徹底した「新たな秩序」が確立される、と考えたのである。

人知の合理的再編を試みた啓蒙主義は、知識の体系的・効率的習得と、習得された知識の量的差異に関心を寄せる。「他に抜きん出る」ことが教育の効用とされ、学習成果の差異が量的に計られる以上、そこに競争が生じることは避けられない。エルヴェシウスが教育＝学習活動の有力な手がかりとして、競争心に注目したのもうなずけよう。

天才を生み出すのは競争心であり、才人を作り出すのは、名を上げようという欲望である。栄光への愛を自分の中に感じ取り、その愛が自分の内で発達したときから、その人の精神の進歩が始まったのだと見なすことができる。私は常々考えてきたのだが、教育の科学とは、おそらくは競争心をかき立てる手段についての学問にほかならない。[*9]

また、ディドロとダランベールが編纂した『百科全書』の倫理学関係項目「競争心」において、「他人の功績、美点、行為を称賛して、尊敬すべき有徳な原理によって熱心にそれを模倣し、あるいは乗り越えようとさえする、高貴で高邁な情念」と「競争心」を定義したジョクールは、これを無秩序な野心、嫉妬、羨望といった悪徳とは区別したうえで、個人の才能と社会の進歩を洗練させる原動力となりうるものとして、高く評価する。しかし、競争の成果が他人との相対的差異によって計られる以上、競争に最終到達地点は存在しない。とめどない期待を持つ人はどこまでも走り続けることだろう。期待を持てない人は別の道を探すことになるだろう。

怪物趣味に対する批判

すでに見たように、『エミール』第一編の冒頭に、ルソーは次のように記していた。

万物をつくる者の手をはなれるときは、すべては善であるが、人間の手にうつると、すべては損なわれる。人間は、ある土地で別の土地の作物を育てようとする。ある木に別の木の果実を実らせようとする。風土、環境、季節をごちゃまぜにする。飼い犬や馬や奴隷の体を損なう。すべてをひっくり返し、すべてを歪めてしまう。奇形と怪物を好む。なにものも、人間さえも、自然がつくったままにはしておかない。飼っている馬と同じように人間を調教しないではいられないし、庭の木と同じように好みにあわせて人間をねじまげないではいられない。[*10]

「怪物（monstre）」という語は、「見せる（montrer）」という動詞に由来し、人目を引くもの、ふつうでないものを指す。一六世紀から一八世紀にかけて、「怪物」や「奇形」に対する人々の関心は並々ならぬものがあった。おびただしい量の鉱物、生物の標本を集めて分類する博物学が洗練されると、見慣れない、めずらしい、風変わりな、驚くべき標本に特段の関心が寄せられるようになる。ゾウやクジラなど、特段に体が大きな種は、人の目を引くその大きさだけで、怪物と呼ばれることもあった。同じような驚嘆のまなざしは、しばしば、奇形にも向けられた。体の一部が共有されて完全に二つの個体に分かれなかった双子の動物の標本を、博物館が競うように集めた。規則的に運行する天体のなかで、彗星は奇形と同じように注目された。大地震、火山の噴火、洪水なども、自然現象のなかの奇形と見なされることがあった。

いたるところで怪物や奇形を求め、めずらしいものを見せびらかし合う風潮を、ルソーは批判した。新奇なもの、めずらしいもの、皆がもてはやしているものをうらやましがる人たちは、多くのばあい、ほんものを手に入れるかわりに、まがいものをつかまされることになる。このような欲望と期待のやりとりから、ありとあらゆるものが、怪物につくりかえられる。とりわけ、生存にかかわる食品が人為的に歪められてしまっていることを、ルソーはくりかえし指摘した。

> 食料品のなかには、じっさいよりもよりよいものに見えるようにしようと、混ぜものが加えられていることがある。混ぜものは、目と舌をだます。しかし、こうした混ぜものは有害で、もとよりも見た目がよくなったことと引き換えに、混ぜものを加えられたものをろくでもないものにしてしまう。*11

たとえば、安物の若いぶどう酒に鉛からつくられた混ぜものを加えて渋みを感じなくさせ、口あたりをよくして、格安の高級品と偽って利益を得ようとする者がいる。おいしいものを極端に安く手に入れようとする人たちは、たやすくこうしたペテン師の餌食となって、毒をのみ込むことになるのだ、とルソーはいう。

「人間は怪物を好む」というルソーにとって、自らの魅力を磨く競争は、おうおうにして自分自身を怪物にするふるまいでしかない。自らすすんで、「見栄えはよくとも、窮屈で不健康な服」[*12]を身につけることは、ルソーにとって、自然にかなったことではない。

3 ナルシシズムと利己愛

期待をふくらませる社会

西洋列強と結んだ不平等条約の早期撤廃を実現するために、明治初期の日本は、大急ぎで西洋諸国を模範として、法の支配をうち立て、統治機構を近代化して、「一人前の」近代国家の体裁を整えようとした。この文脈で、近代化とは、ほとんど完全に西洋化と重なっている。さらに、西洋のしくみこそが理性にかなっているという意味で、西洋化は合理化とほとんど同義と理解された。このようなもののとらえ方は、こんにちでは、歴史性をかえりみない滑稽なものに見えるかもしれないけれども、当時は、西洋近代の原理原則が、時代と空間を飛び越えて、いつでもどこでも通用する、普遍的な価値を持っているという主張を拒絶することが難しかった。西洋近代の原理原則の普遍性を前提として、日本に個別的な状況とすり合わせながら、具体的な対応を考えるほかに、方法がなかったのである。

厳格な身分の区別にもとづいて、多くの人々のあいだで、社会的地位や財産が親から子へ、子から孫へと継承されていた江戸時代の封建制度にあっては、地縁や血縁にもとづいた人間関係の網の目から逃れることは難しく、職業や生き方を個人が選択する余地は、ほとんど残されていなかったとされる。優れた才能を持った子どもを養子にむかえる慣習など、身分の移動を可能にする例外的運用も存在したとはいえ、ぜんたいとして見れば、社会の支配的な地位にある人たちが、新規の参入者を受け入れることはほとんどなかった。その意味で、閉じられた社会であったとされる。

日本の近代化の幕開けとみなされる明治以降、日本では、少なくとも理論的には（建前としては）、生まれによって社会的地位や職業が決まってしまうのではなく、ひとりひとりの個人の意欲と努力しだいで、やりたいことを自由に選ぶことが可能となるような、開かれた社会を築くために、さまざまな制度が整備されてきたことになっている。個人の意欲と努力の成果は、選抜試験を通じてはかられ、実績の積み重ねが学歴という形で社会的に認知されるようになると、学歴を通じて社会的地位や収入が配分されるしくみができあがってきた。西洋をまねた学校制度を整備した明治政府による就学推進文書である「学事奨励に関する被仰出書（おおせいだされしょ）」（一八七二年）には、「学問は身を立つるの元手」と記されており、教育が社会的地位上昇の重要な手段であることを訴えていた。地位も財産も持たない家に生まれた人も、強い意志を持って努力すれば、より高い社会的な地位や財産を得ることも不可能ではない、そのような期待が少しずつかもしだされていった。

しかし、それはあくまでも建前である。じっさいには、西洋風の学校教育体系が導入された当初からこんにちにいたるまで、教育を通じて高い社会的地位を新たに獲得するのは、それほどたやすいことではなかった。明治政府が当初の模範としたフランスにおいては、原則として教育費が無償であったけれども、明治時代の日本では、初等教育でさえ有償であった。とくに、大変な高給でお雇い外国人教師を招聘して、英語の教材を用いて英語で授業をしていた官立大学（こんにちの国立大学）の費用は、庶民にはとうてい負担できるものではなかった。経済的な理由から大学への進学をあきらめた優秀な生徒たちのなかには、教員となることを前提として例外的に授業料が無償であった師範学校に進む者もあった。正式の大学ではないものの、大学に準じた教育を担う私学がこの時期にいくつも設立されたのは、経済的な理由から官立大学に進学できなかった人たちにも学問に触れる機会をつくる必要があると考える志の高い人たちが存在していたからであり、また、こうした人たちに賛同する篤志家たちの寄付が、私学の財政を支えていたからである。

西洋を模範とした政治制度、法体系、教育制度の導入に伴って、官吏、裁判官、教員などを養成する必要が生じ、競争的な選抜試験が導入された。もっとも、多くの人たちが望んだのは、自分の境遇とかけ離れた、とても高い地位を手に入れることではなく、現状よりも少しだけ恵まれた生活、特別上でも特別下でもない、中くらいの地位、中くらいの生活であったように見える。「みっともなくない」、「人さまに笑われない」暮らしといってもよいだろう。たしかに、一部の恵まれた立場にあった人たちのあいだでは、同じような立場にある「他の人たちに抜きん出たいという欲望」が直接的にはげしく競い合うこともあっただろう。しかし、社会ぜんたいとしてみれば、大多数の人たちにとって、ルソーがいう「利己愛」（他人と比較された自分への愛）は、「他の人たちに劣っていたくないという欲望」として、ワン・クッション入れた形で現れたように思われる。それでも、社会の近代化、西洋化が進むにつれて、人々は知らず知らずのうちに、競争の渦にのみ込まれていく。他の人たちが自分の境遇を少しでもよりよくしようと努力しているなかでなにもしないでいれば、結果的にとりのこされ、他の人たちよりも見劣りのする（みっともない）境遇に陥ってしまうからである。就学率がそれほど高くなかった明治時代には、子どもが中学校に進まないことは、庶民にとって必ずしも恥ずかしいことではなかった。しかし、同一年齢のほとんどの子どもたちが高等学校に進む時代にあっては、せめて高校まではいかせたい、と少なからぬ親が望むようになる。

一九六〇年代後半から七〇年代の高度成長期を経て、八〇年代の日本では、日本の多くの人々が中流階級に属しているという意識を持っているといわれた（一億総中流意識）。しばしば、貴族階級（ジェントルマン）、中流階級、労働者階級の区別が強固に維持され、階級のちがいを飛び越えて移動することが難しいとされる英国などと対比されながら、日本では本人の努力しだいで、より高い社会的地位や財産を手に入れる可能性がある、開かれた社会が実現されているのだ、といった主張も見られた。教育を子どもの将来を確かなものにするための投資と考えた親たちは、高い学歴を子どもに授けるべく、塾や予備校に通わせ、安くはない教育費を負担した。

そもそも、「中流」とはどのような範囲の生活水準を指すのか、明確な定義が与えられたことはない。それでも、少なからぬ人たちが、中くらいの生活を享受できていると実感していたのは、たしかなようである。大量生産によって販売価格が下がっていったこともあり、冷蔵庫、洗濯機、テレビなど、登場したときにはとても手が届かなかった便利な道具が、がんばれば買えるようになっていった。長期のローンを組めば、自家用車や住宅を手に入れることも、夢ではなくなった。自分の努力に見合う生活ができていると感じた人たちが、中流意識を持っても不自然ではない。このような文脈にあって、多少の無理をしてもなんとか教育費を工面することが、子どもの将来に役立つはずだと信じられていたのである。

梶原一騎原作の『巨人の星』、『柔道一直線』、『タイガーマスク』、『あしたのジョー』など、一九六〇年代から七〇年代はじめにかけて人気を博したスポ根マンガ、アニメでは、「どんな困難があってもけっしてあきらめずに根性と強い意志を持って努力しつづけることが大切なのだ」というメッセージが、力強く子どもたちに示されていた。裕福な家庭に生まれたり、生まれながらに飛び抜けた才能に恵まれたりしたライバルを、貧しい家庭に生まれたごく平凡な主人公が、血のにじむような努力の末に打ち負かす姿が、好んで描かれた。主人公の生きざまを通じて、自分の境遇は努力と根性で変えることができるのだ、というメッセージが力強く訴えられた。そこでなによりも大切にされたのは、結果そのものよりも、結果を出すまでの過程である。最終到達地点がはっきりと示されることがないまま、少なくとも現状よりもよりよくなるようにと、努力と根性でやり抜くことそれじたいに価値がある、とされたのである。さらに、一九六四年に東京で開催されたオリンピックでの、バレーボール全日本女子チームなどの日本人選手たちのめざましい活躍は、厳しい練習に耐え、努力と根性を大切にする姿勢の模範として、国民の心に広く訴える力があった。

スポ根に通ずる精神性を高く評価する姿勢は、憧れの職業につくまでの若者の成長を描いた作品にも認められる。たとえば、高校卒業後、主人公がスチュワーデス試験に合格して上京し、厳しい訓練に耐えて国際線スチュワーデスとして活躍するまでを描いたテレビ・ドラマ『アテンションプリーズ』(東宝、一九七〇~七一年)である。しかし、一九八〇年代には、努力と根性、真剣にがんばる姿を嘲笑するような作品も見られるようになった。やはり、高校卒業後、スチュワーデス訓練生となった主人公が厳しい訓練を終えて実務につくまでを描いた『スチュワーデス物語』(大映テレビ・TBS、一九八三~八四年)では、「ドジでノロマな亀」と自称する、あまり器用ではない主人公が一生懸命にがんばる姿に、嘲笑的なまなざしを注ぐ演出が頻繁に見られた。テレビで放送されるのではなく、販売とビデオ・レンタルを想定したオリジナル・ビデオ・アニメとして制作された、庵野秀明の初監督作品、『トップをねらえ!』(ガイナックス、一九八八年、各話三〇分、全六話)でも、『エースをねらえ!』など既存の作品のパロディーが随所に散りばめられている。とくに冒頭話では、ランニング、腹筋、組み体操、縄跳びなどをロボットにさせることで笑いをとる場面が少なくない。物語の進展につれて、シリアスな描写も多くなっていくものの、本編後に置かれた「おまけ」の部分では毎回、物語を支える過剰に細かな科学設定について解説するふりをしながら、結果的に努力と根性が笑いものにされている点が興味深い。

一九九〇年代を通じて、アレンジを変えながらスポ根の精神性を引き継ぐ作品や、既存の作品のリメイク、続編と位置づく作品がつくられた。それと並行して、スポ根の精神性、とりわけ努力と根性をそれじたいとして評価する態度をもの笑いにする作品もつくられた。「魅力を磨く競争」で勝ち残ろうと最大限の努力を続ける人たちがいる一方で、早々と競争から降りてしまう人たちもいたのである。

日本社会全体としてみれば、じっさいには、ひとりひとりの努力や意欲にもとづいた社会的地位や財産の再配分が必ずしも実現されたわけではなかった。高額な教育費（投資）に見合うだけの見返りが得られないことも少なくなかった。とりわけ、いわゆるバブル崩壊以降、学歴を通じて社会的地位の上昇を期待することは、必ずしも現実味を持たなくなった。高度成長期に実力以上の消費生活が可能となっていたことには、いくつかの理由があった。まず、相当の期間にわたって、現状よりも少しずつ収入が増えていくはずだという期待にもとづいた、安心感である。このような期待に現実味がなければ、躊躇せずに長期間にわたるローンを組むことなどできない。終身雇用と年功序列という日本に独自のしくみによって、安定した雇用関係が定年まで続くはずだという期待があった。それだけに、職場内での人間関係は親密で、会社を擬似的な家族に見たてることもめずらしくなかった。しかし、こうした雇用のあり方は、一九九〇年代以降、大きくゆらいだ。アメリカ流の能力主義、成果主義が大幅に導入されると、賃金が不安定になったり、途中解雇もめずらしくなくなった。なによりも、非正規雇用が大きく広がった。もはや、長い期間にわたるローンを組んで高額商品を売るクレジット販売はリスクを伴う手法となった。

教育を通じた格差の再生産

社会の構成員に成功する機会を等しく与えることを建前としてかかげる学校教育制度は、ぜんたいとして見れば、恵まれた地位と財産を親から子へと継承している世襲制を隠蔽しながら、社会に存在する格差を構造的に再生産している面がある。よく知られているように、フランスの社会学者ピエール・ブルデューらは、厳格な選抜試験に象徴されるフランスの学校教育システムが、世代を越えて社会的不平等、社会的地位や財産の格差を再生産する機能を持っている、と論じた。高等教育を受ける人の割合が上昇することは、一般に考えられているように教養を獲得する機会を広く開くことによって社会的平等を実現するのに役立つどころか、じっさいにはまったく逆に、支配的な階層と被支配的な階層のあいだに厳然と存在する不平等を、より強固に再生産することになるのだ、と主張した。ギリシア語やラテン語に由来する格調高い言葉づかいなど、恵まれた家庭に生まれ育った子どもたちが生活のなかでふつうに身につけてしまうハビトゥス（文化的な習慣）は、学校文化とも親和性が高いため、これを「文化資本」として用いることで、恵まれない家庭の子どもたちよりも選抜試験において有利になることが少なくない。[*13] フランスでは、大学のほかに、グラン・ゼコールと呼ばれる高等教育機関が存在する。そのなかでも、高等師範学校、国立行政学院、理工科学校など名門校の入学選抜試験は、抜きん出て難しい。論述試験に象徴されるフランスの選抜試験に合格するためには、なによりも高尚なフランス語で、高度に構造化された文章を書く能力が求められる。「文化資本」を有効に活用して学歴を積み、社会の支配的な地位を親から子へと継承していく人たちを、ブルデューは「国家貴族」と呼んだ。

かつて、ヨーロッパの学校教育体系は、少数のエリートを養成するための教育と、社会の大多数の人たちのための大衆的な教育が別立てとなっている複線型が一般的であり、このようなしくみをあらためるために長い年月を必要とした。これに対して、日本では学校教育体系を整えた明治初期より、初等教育が共通化された形で学校教育が整備された。しかし、中等教育以降は多様に分岐しながら教育機関が序列化されており、やはり一部のエリートを育てる高等教育機関（官立大学、帝国大学）が優遇されてきた。あえて議論を単純にしてみよう。ブルデューによれば、社会的地位や経済的な格差が、フランスでは学校教育を通じて直接的に再生産されるわけではない。「文化資本」を通じて、間接的に格差が再生産されるのであって、どれほど富の蓄積があっても、学校で優位とされる文化を身につけていなければ、地位を親から子どもに引き継ぐことはできない。ところが、受験産業が成熟した日本では、経済力の差がより直接的に教育を通じて再生産されているように思われる。フランスとはことなり、日本では社会的に成功を勝ち得た人たちのあいだでさえ、文化の価値が軽視されることがめずらしくないように見える。

まがいもので満ちた社会

建前としては世襲制を否定して、個人の努力と能力を尊ぶメリトクラシーの原理原則を選択したはずの社会にあって、じっさいには社会的地位や経済的格差が世代を越えて親から子へと受け継がれている面があることは、否定しがたい。社会の支配的な立場にある人たちにとって、自分たちの本音をうまく覆い隠すしくみが機能していることは、重要な意味を持つ。ここで社会学者の佐藤俊樹の議論を参照しよう。日本において「お嬢様」をみわける究極の基準とはなにか、と問いながら、興味深いことを指摘してくれている。世界のどこにでも「お嬢様」はいる。南米のチリであれば、小高い丘につくられた上流階級の大邸宅と低地のバラックがはっきりと区別できるように、「お嬢様」は庶民とは明らかに異なった存在として、一目でわかる。ところが、日本では、努力すれば「お嬢様」のふりができてしまう。名門校出身という学歴を手に入れたり、それなりの服装や装飾品を身につけたり、それなりの職歴を手に入れたりして、見た目のうえでは「お嬢様」になりきってしまうことも、不可能ではない。それでも、「ほんもの」と「まがいもの」のちがいはたしかに存在しており、「お嬢様」に生まれなかった人は、どんなに努力しても、ほんものの「お嬢様」にはなれない。佐藤は「お嬢様」を象徴的な手がかりとしながら、日本では、「どこまでが一人一人の選択し責任をとれる範囲なのか」がしっかりと問われることがなかったのだ、と指摘する。[*14] つまり、どこまでが個人の責任（個人の努力と意欲でできること）で、なにが社会の責任（どんなに努力しても個人の力が及ばないこと）なのかが、仕分けされていないということである。一方で「努力すればナントカなる」という期待をふくらませるしくみが社会のいたるところで認められる一方で、「努力してもしかたない」という厳然たる壁も、たしかに存在しているのである。

『努力してもしかたない』という疑念をかかえつつ、『努力すればナントカなる』と自分にいいきかせて、学校や会社の選抜レースに自分や自分の子どもたちを参加させてきた、というのが、日本の戦後のいつわざる姿である。疑念は疑念のまま、見えない障壁のまま、存在しつづけている。『現実は実績主義、理想は努力主義』という、はっきりいえば中途半端な、あるいは曖昧な成果志向の表明は、最終的には、そうした二重底の産物なのだろう。*15

自己選択、自己責任もまた、西洋近代の原理原則とみなされる。しかし、その用いられ方には、やはり日本独特の文脈が認められるように思われる。そもそも、なにが起こっても自分が選んだことなのだから自己責任である、といった主張には、議論の余地がある。個人の力が及ばないところで国民の生命や財産を守ることこそ、国家の必要性を基礎づける有力な根拠のひとつとして、ヨーロッパ近代の思想家たちがさかんに論じてきたはずである。たとえば、一七世紀ごろから、「共通のしあわせ」を意味する英語のcommonwealthがrepublicと同義語として、「共和国」を意味する語として用いられてきたのは、少なくとも建前としては、構成員全員のしあわせを確保することが、国家の存在根拠となっているからである。個人の自己責任を乱用することは、ともすれば国家の無責任論につながりかねない。「自分で決める社会というのは、自分ではなにが決められないかを正しく決める必要がある社会なのである」[*16]という佐藤の指摘は的を射ている。この認識とセットで考えないと、「自分の力が及ばないことを選ばなかった責任」を個人に対して問うばあいがそうであるように、困難な状況に置かれた人たちに対して、あらずもがなの冷酷な態度をとることを許してしまうことになりかねない。

日本社会では、ある種のぬるま湯のような温かさと、ある種の度を越えた冷たさとが共存しているように思われる。建前としては、個人の能力、努力、意欲による地位の獲得競争の正当性を認めながら、本音としては世襲による社会的地位の継承と格差の再生産が目立たない形で維持されている。そのうえ、大部分の敗者たちが、少なくとも日常生活にあっては、競争の結果を強く意識することなくすごせていることにこそ、日本社会における競争の特徴があるように筆者には思われる。そもそも、選抜試験は、そのしくみからして、少数の勝者と多数の敗者をつくりだす、敗者にとって冷酷なしくみである。勝者と敗者とのあいだにははっきりと存在する壁の存在を、日常的な生活の場面で意識しないですむようにしたり、壁の厚みを実際以上に薄く感じさせるようなしくみが、選抜試験の冷たさを覆い隠している。もし、ほかのやり方で試験をしていたら、自分が勝者になれたかもしれない。別の機会が与えられていたなら、そのときには勝者となることができるかもしれない。結果的に、勝者たちよりも恵まれているのは、じつは自分の方かもしれない。根拠があるなしにかかわらず、なんらかの期待を敗者たちに持たせるしくみが機能していることは、敗者たちの勤労意欲と社会の安定を維持することに役立っている。日本社会では、圧倒的多数の敗者たちを、自分たちが敗者であることを自覚させないようにするしくみが強く働いてきた。また、敗者であることを自覚している人たちにしても、工夫と努力によって、少なくとも見た目のうえでは、勝者であるふりをすることも、不可能ではなかった。こうしたしくみもまた、総中流意識をかもしだすのに与(くみ)したように、筆者には思われる。これを裏側から見れば、競争のもたらす決定的な格差が、日常生活のレヴェルでは必ずしも意識されないように、隠されてきたのだと考えてもよい。まがいもののお嬢様が存在できるように、まがいもののぜいたく品があふれ、まがいものの勝者が、「人様にはずかしくない生活」を享受できている、と思い込んでいるのである。

ナルシシズムを助長する社会

日本では、競争がもたらす結果から目がそらされる一方で、自分が実力以上に評価されていると錯覚させかねないようなしくみがいたるところで働いている。「お客様は神様です」などという。もちろん、ほんとうに神様であるはずはない。しかし、神様だと思ってもてなすべきだ、という考え方が浸透している。「おもてなし」を受けている場面では、ときに、自分があたかも王侯貴族の一員であるかのように錯覚しそうになることさえある。開店時に百貨店に立ち寄ると、ここまでていねいにお辞儀してもらわなくてもよいのに、と思うのは筆者だけだろうか。過剰なまでにていねいなサービスは、私たちの感覚を麻痺させているのではないだろうか。

フランスでは、ほとんどの場面で、「お客様は神様」などという論理は、まったく通用しないように思える。「お客様」というよりも「利用者」として扱われるのである。鉄道を利用するときも、日本であたりまえのようにみられる親切な案内など期待できない。列車を動かしてやるから、乗りたければ自力で勝手に乗れ、といわんばかりの対応を目のあたりにして、ときに戸惑うこともある。日本で「顧客カード」と呼ばれるものは、フランスでは「忠実さのカード」である。利用者の側が店に忠実さを示せば、それに応じて特典を与えてやろう、という論理なのだろう。

たとえそれがうすっぺらく表面的なものであれ、日本では日常生活のなかで、自分が実力以上に評価され、大切にされているという錯覚を覚えることがしばしばある。ナイーヴな自己陶酔、ナルシスティックな態度がいたるところで助長されていることが、個人の問題ではなく社会の問題であることについて、この傾向の徴候を論じたフロイト派の精神分析学者小此木啓吾の論が参考になる。小此木は、第二次大戦以後の日本人の心を次のように定式化した。

「アイデンティティー」－「自我理想（集団幻想）」＝「裸の自己愛」

ここで「自己愛」と訳されているのは、ナルシシズムである。アイデンティティーを確立するためには、身近な存在を越えた、社会的・歴史的に普遍性を認められた自我理想（りっぱな大人のイメージ）と自分を一体化することが必要である。自分の業績を自分自身が高く評価するとともに、社会一般からも高く評価されることが必要である。しかし、かつて支配的だった倫理的な規範が力を失い、妥当な自我理想を見いだすことが難しくなったことが、戦後日本の大きな課題だと小此木は指摘する。その結果、幼児的なナルシシズムがそのまま、留保なしに（裸のまま）残ってしまった、というのである。

パーソナルな自己愛を一度否定し、個々人の自己愛を超えた自我理想によって、その社会化を達成する仕組みが確立していたのが旧来の社会であるとすれば、現代社会は、個々人の裸の自己愛を幼児的で自己中心的なまま〝否定〟なしに尊重し、みたす仕組みのできあがった社会である。*17

自己愛人間は、（中略）現実からひとつ隔たったところで得られる主観的な安定と自己満足のなかで暮らす人々です。*18

「自分に都合のよい主観的な判断に閉じこもり、苦痛や恐怖を伴う認識を否認する」人たちが重視するのは、高い社会的な地位を獲得することでも、富を蓄積することでもない。自分に対して抱くイメージが、自分自身にとっても、自分の身近な人々にとっても、自分が思い描くとおりに肯定的であることである。

こうした日本人の心持ちの変化とみごとに呼応するのが、自己に対するイメージを操作する産業である。その典型的な例が、就職情報産業と、エステティックサロンに認められるように思われる。たとえば、一九九五年、TBC（Tokyo Beauty Center）のテレビ・コマーシャルで用いられたキャッチ・コピーは、強い衝撃を与え、流行語になった。問題のセリフは就職のための面接でのやりとりのなかで発せられる。面接官の女性が意地悪にいう。「あなた、美人ね。顔だけで世の中渡っていけると思ってない？」一瞬、顔を下に向けた女子学生は、相手をしっかり見すえて答えた。「はい。思ってます。私、脱いでもすごいんです。」このキャッチ・コピーが受けたのは、視聴者たちが言いたくても口に出すことを躊躇するような言葉を、きっぱりと言い放ったからであろう。従来の日本では考えられなかった、公の場で、個人のナルシスティックな感情や評価を留保なく主張する姿に、二〇世紀末の日本で起こった心持ちの変化が象徴的に示されているように思われる。

「私らしい仕事」とか「楽しい仕事」といった言葉づかいが定着したことも、同じ文脈のなかで理解できるかもしれない。「フリーター」という言葉は、日本では学生などが行う非正規雇用の意に用いるドイツ語由来の「アルバイト」にもとづいた「アルバイター」と英語の「フリー」を組み合わせて、一九八〇年代後半に現れた造語である。情報誌のなかで用いられ、一般に広がった。じっさいには、しばしば、労働条件が劣悪で、将来に展望がないにもかかわらず、非正規雇用のイメージをよくすることに手を貸したように思われる。就職情報産業が発する巧みなイメージ戦略は、残業やめんどうな命令に束縛され、地道に汗を流して働く正社員の魅力を削ぎ、フリーターを選べば、自分の気に入ったライフ・スタイルに合わせて、いかようにも仕事を変えられるという錯覚さえ、生じさせた。

若者たちの心持ちの変化は、日本人が伝統的に大切にしてきたはずの調和ある人間関係に対する、あからさまな拒否と解釈されることもある。日本社会は、「大多数の他の人たち（ふつうの人たち）とちがった生き方をする人々」を受け入れることを拒む傾向が強い。若者たちをとりまく「問題」をめぐる語りのなかで、引きこもり（他人と積極的に交際しない人）、ニート（働く意欲がないと烙印を押された人）といった言葉が使われ始めたとき、伝統的な生き方から外れた人たちに対する拒絶の気持ちが混ざっていたように思われる。

よく知られているように、西欧文化は倫理基準を内面に持つ「罪の文化」であるのに対し、日本文化は外部（世間体）に持つ「恥の文化」である、と図式化したルース・ベネディクトの『菊と刀』（一九四八年）は、日本人論のひとつの典型となった。ベネディクトによれば、日本人にとって、逸脱行為に対する法的処罰よりも、自分が暮らす近隣社会の集団からの排除の方が、より大きな抑止力となっている。以来、他人の評価、社会的評判に対する感受性と、世間体を守ることをなにより も大切とするメンタリティーは、日本人を規定するステレオタイプとなった。たしかに、かつての日本では、「恥ずかしいから」、「ひとに笑われるから」と子どもを叱り、「人前で嘲笑されないようにふるまう」ように教えることが、ふつうに認められた。

しかし、現代日本の、特に若い世代の人たちの行動を記すさいに、しばしば注目されるのが、公共の場において「恥」の意識が希薄であったり、欠如しているように見えるという指摘である。ここで問題となっているのは、趣味を共有する親しい仲間うちでの評価にはとても敏感でありながら、それ以外の人たち（抽象化一般化された他者）の視線に対しては、恐ろしく鈍感な人たちである。他の人たちとの共感を大切にしなくても取引が成立してしまう、金銭を媒介とした人間関係は、とくに都市部において匿名性を強化することによって、伝統的な社会に顕著であった地縁血縁関係がもたらす心理的負担から解放した。かつては、自分では必要ないと思っても、地元の祭などのときには、世間体（評判）を気にして思い切った出費を強いられることもめずらしくはなかった。結（ゆい）など地域総出の共同作業で骨惜しみすれば、激しい非難の対象となった。しかし、地域社会の目、世間体を気にしなければ、支払い能力の有無にかかわらず、出費や労力を抑えることが経済的合理性にかなっている。金銭、労苦を「節約」し、もっぱら自己の権利主張に執着する態度は、このような文脈のなかで極端な形で目に見えるようになったものだ、と考えられる。

とめどない期待を抱く人たちにとって、世間一般（自分に特段の注意を払ってくれない一般的な他人）が自分に与えてくれる評価は、ほとんど常に自分が望む評価よりも低い。自らの「魅力」を磨く競争が社会の多くの人たちを巻き込むようになると、当然のことながら、期待した評価（尊敬、地位、財産）が得られることなど、ほとんどなくなってしまう。高等教育が大衆化すると、かつては高く評価されたはずの学歴も必ずしも期待した効果を保証してくれなくなる。もはや、必ずしも十分ではなくなった学歴を補うべく、少なからぬ若者たちは、資格を取得することに熱心になった。しかし、「資格取得がキャリア・アップに役立つ」という信念が社会に広がり、資格志向の若者が増えると、せっかく資格を得ても、必ずしも望みがかなわなくなる。こうして、技芸の洗練、自らの「魅力」を高める競争は、どこまでも果てしなくつづく。

競争に参加する人が多くなればなるほど、ごく少数の成功する人たちと大多数の成功できない人たちのあいだで、格差が広がっていく。さらなる期待をふくらませて競争に勝ち残ろうとたえず努力する人たちもいれば、比較的早い段階で競争から降りることを選ぶ人たちもいる。社会のなかで支配的な評価の基準にそって高い評価を得るための競争から降りた人たちのなかには、現実の世界のかわりに、空想の世界で、現実には存在しない登場人物に自分を高く評価させ、現実の世界よりも空想の世界をよりリアルに感じる人たちもいる。ドラマの俳優やアイドル・グループのメンバーに感情移入して（なりきって）カタルシスを得る（やったつもりになる）こともできる。テレビゲームの世界でなら、プロのレーサーを追い抜いてモナコ・グランプリで優勝することもできるし、たくさんの美少女たちにかこまれて人気者になることもできる。

暴走する消費者意識

社会一般とか抽象化された他者が自分に与える評価をさほど重視せずに、過大な自己評価を保ちつづける人たちのなかには、公の場で無理難題を押しつけるようなふるまいをする人たちも見られる。たとえば、「モンスター・ペアレント」としてマスコミに大きくとりあげられた、学校に対して理不尽な要求を一方的につきつけ、しばしば教員の正常な業務を妨げる、身勝手な親たちは、その例といえるかもしれない。こうした親たちへの対応に苦悩し、精神疾患に罹る教師も少なくないとされる。「自分の子どもと喧嘩をして怪我をさせた同級生を他の学校に転校させてほしい」、「塾の模擬試験と運動会の日程が重なってしまったので運動会の日程を変えてほしい」、「子どもはニンジンが嫌いなので、ニンジンを給食に出さないでもらいたい」、「宿題を忘れたぐらいで子どもを怒らないでほしい」といった要求を通すために、深夜、早朝と時間を問わず教師の自宅に電話したり、自ら学校にでかけて長時間話しつづけ、授業にでかけようとする教師を制止して業務を妨げる、といった極端な事例も紹介された。[*19]

学校の機能不全は、しばしば、教員の能力不足と関係づけて論じられ、教員の資質向上のためとして、教員の研修や教員養成に求められる条件が、ますます厳しくなってきた。しかし、学校の機能不全は、もっぱら学校の内部に、すなわち、教師と生徒の個別的な問題に帰せられるものではない。いわゆる「モンスター・ペアレント」とよく似たふるまいは、学校の外でも、社会に広く見られる。たとえば、病院でも、理不尽な要求をつきつけ、いとも簡単に暴力をふるう患者とその家族たちのふるまいが報告されている。ある患者は、検査後に異常がなかったことがわかると、検査費用の支払いを拒否した。ある入院患者は、「言葉づかいが気に入らない」という理由で看護士に花瓶を投げつけた。ある患者は、時間外に入院を希望したところ、緊急性がないと判断して断った医師に、缶コーヒーを投げつけ、医師が注意すると顔を殴って骨折させた。[*20] 一部の患者からホテル並みのサービスを要求され、苦慮している医療関係者たちの姿は、先に紹介した教師たちの姿とぴったり重なる。鉄道関係者も、殴る、蹴る、ものを投げつける、といった暴力や理不尽な要求に不断にさらされているという。社会のいたるところに、自分を特別視し、自分が期待する評価が他人から得られないことにいらだち、ときには暴力に訴えるような人たちが現れている。こうしたふるまいの背後には、根拠のないまま自分を実力以上に評価し、このような過大な評価を前提として行動をうながす、ナルシシズムが働いていることが少なくないように思われる。幼稚なナルシシズムを許し、むしろそれを助長するようなしくみが日本社会では広く働いているように思われる。

プロ教師の会のメンバーで、都立高等学校教諭だった、喜入克が紹介している事例からは、次のようなやっかいな親や子どもたちの姿が見えてくる。「学校と対等な消費者」として自分が受けるべきサービスについては妥協なしに最大限の権利主張をくりかえす一方で、退学や停学などの処分の対象となる立場に置かれると「まだ半人前である子ども」への情状酌量をを要求する。喜入氏によれば、モンスター・ペアレントは「消費者意識の暴走」が生み出したものである。*21

場面に応じて立場を巧みに使い分けることは、社会学者の山田昌弘によってパラサイト・シングルと名づけられた人たち、すなわち、学業を終え、職を得た後でも親と同居して、生活のための基本条件を親に依存している（寄生している）未婚者たちにも認められるという。とくに、比較的余裕のある家庭で育った女性に顕著な傾向とされる。同年代の男性と結婚することによって、親のもとで享受してきた生活よりも劣った水準の生活にあまんじることを避けて、親の前ではかわいらしい子どもを演じることで親の愛情（住居や生活消費財の提供、炊事、洗濯、掃除といった家事労働の供与）を得る一方で、家の外では、一人前の大人の女性として、子どもには許されない娯楽や消費生活を存分に楽しむ、というように、場面場面で適切に役割を演じ分けるのだという。このようにして、単調で退屈な仕事で得られる、必ずしも高くはない給料でも、余裕のある生活水準を維持しながら、海外旅行に出かけたりブランド物を身につけるといった、自己のイメージを実力以上に高められるような「リッチな」消費が可能となるのだという。[*22] しかし、このような生活は、長い目でみれば、当人にとっても、社会にとっても、必ずしも好ましいことではないことが明らかである。親の介護が必要となったとき、生活そのものが破綻する危険がある。また、独立していれば生活に必要不可欠となる出費を控えることで、結果的に、人間の生理的・身体的欲求に応じる商品よりも文化的欲望に応じる商品のためにお金を使うことになるのだから、一国の経済のあり方にも好ましくない影響が及ぶ可能性がある。

最小限の労力で最大の快楽を求める傾向については、哲学者の内田樹も注目している。ほとんどなにも学ぶ習慣がなく、わからないことばかりなのに、わからないということにストレスを感じない子どもたち、それでいて、なにかを学ぶ前に、それが「なんの役に立つのか」と問う子どもたちを問題とした。内田もまた、こうした現象をいきすぎた消費者モデルでとらえた。伝統的な社会においては、家事を手伝うことで家族から認められ、家族集団のなかでしかるべき地位を子どもは獲得することができた。親密な人間関係の網は、他の人たちのために自分の時間や労力をそそぐことを通じて、家族を越えて近隣の地域社会へと広がっていった。しかし、現代日本の子どもたちは、家事を手伝うことをほとんど求められず、それでいて十分な小遣いを与えられている。そのため、幼くして「お客様」として社会に参入することになる。現金は、それを持つ人の身分も年齢も性別も問わずに、誰にでも平等な交換を実現する。「これを勉強するとなんの役に立つのか」と聞く子どもは、それを学ぶ労苦に見合う見返りがあるのかどうかを問うているのだ、と内田は指摘する。交換に魅力を感じなければ、見向きもしない。

早々と地位獲得のための競争から降りてしまった子どもたちにとって、もはや、勉強がもたらす苦痛を我慢する理由はない。安い給料のために働くことによって覚える不快より、親の愚痴に耐えたり、近所の目を気にしたりする不快の方が軽いと判断すれば、働こうともしなくなる。内田によれば、学んだことの価値は、学びがある程度すすんだ（しばしばほとんど終わった）あとにしかわからないのがふつうなのに、学ぶ前に価値（対価）がわかること、自分にもわかるわずかなものの世界に閉じこもって、それ以外のものの価値を否定したり、学ぶことに付随する労苦を厭う心持ちが生じたのである。[*23]

このように、消費生活の交換モデルのなかに学校教育システムがとり込まれている。ここに生じてくる最大の問題は、筆者が考えるところでは、文化を自分の快楽のための道具とみなす傾向、文化そのものの価値や専門的な知見にもとづいた権威を否認（あるいは過小評価）する傾向が助長されることにある。「賢明な消費者」を装う人々は、自分にふさわしい商品について熟知しているかのようにふるまう。しかし、じっさいに関心が向けられる対象は、自分が理解できること、自分が理解したいこと、すなわち、自分が受け入れたいと欲することに、限られる。自分が知らないこと、関心がないことには敬意など払わない。専門家や先達は、自分が選んだこと、自分が与えたい評価と合致した見解を表明するばあいだけ、耳を傾ければよくなる。

知っていることが少なければ少ないほど、知らないことの多さには気づかない。知れば知るほど、知らないことの多さに気づき、知らないことに比べて、知っていることの少なさに愕然とする。「実るほど、頭を垂れる」ことを学ぶ。知らないことばかりであることを自覚し、文化に仕えて身を捧げるのではなく、知らないことばかりであることに無頓着なまま、文化を自分のために利用することをよしとする人を大量に生み出しているこの社会は、いかにも危うい。

欠落した危険回避の回路

根拠なく自分を特別な存在とみなすナルシシズムは、ときに、危険回避の必要性について、鈍感にさせてしまうことがある。日々、交通事故で命を落とす人がいるというのに、自分だけは大丈夫だと思い込んで猛スピードで車を走らせる、分別のない若者と同じようなふるまいが、日本社会のいたるところに認められる。ドイツなどでは、核廃棄物と同様に密閉された容器で厳重に管理されている猛毒のダイオキシンも、日本ではブルーシートで覆っただけで屋外に掘った穴に放置したまま、といった杜撰な管理が、複数の自治体で認められ、問題とされた。サリドマイドや血友病の非加熱製剤など、くりかえされる薬害では、危険性を指摘する専門家の意見が現れても、それを無視したまま薬の使用が続けられたため、被害が拡大してしまった。日本社会では、危険性を適切に認識して、危険を回避する回路が欠落しているとしかいいようがない。

西洋化を近代化と同一視して、西洋近代の原理原則、制度を急速にとりいれた明治時代以降、日本社会が抱えている問題は、日本の前近代性にあるものと理解され、悪＝病に対する格好の治療薬は、西洋文明から学ぶのがよいと考えられる傾向が、長々と続いてきた。しかし、現代の日本に顕著な問題の多くは、むしろ、いきすぎた近代化の帰結として理解されるべき性質のものであるように思われる。「人間とは自分自身の個人的な幸福を追い求める存在である」という考え方を議論の前提に置いて、一定の社会秩序を確保しながら、社会全体で幸福を可能な限り拡大していくように努めることが、西洋近代の原理原則である。幸福を追求するとともに、不幸を回避し、労苦、不安、苦痛を最小化するための工夫も、あわせて洗練されてきた。西洋諸国を模範として近代化を急いだ日本にとって、西洋文明の象徴となったのは科学、とりわけ医学であった。医学の洗練の成果は、たとえば麻酔技術の向上に象徴的にみてとることができる。たしかに技術の進歩の背景には、苦痛から人間を解放したいという、切実な願いがあった。しかし、痛みに耐える機会が極端に減ったこと、従来よりもはるかに苦しみを感じることが少なくなったことは、人間にとって、必ずしも歓迎できることではなかったかもしれない、という指摘がある。それによって、他の人たちの苦しみに共感する能力を磨く機会が失われるかもしれないからである。[*24]

明治いらい長きにわたって、日本において、社会を近代化することと西洋化することはほとんど重なり、しかも、それこそが理性にかなったこと、すなわち合理化の道であると考えられてきた。西洋諸国から学識者、技師、軍人などを招いて、西洋の科学技術を学んで生産性を高め、軍隊の装備を西洋風にあらため、一刻も早く西洋列強に追いつこうとした。それは、あたかも、苦労して手に入れた完成品の自動車をまねして、模造品の自動車を大量につくろうと無理をした体のものだったのではないだろうか。しかも、このころの日本の指導者たちは、アクセルの性能を改善することにばかり心を奪われて、ブレーキにはほとんど注意を向けなかったようである。模範だった西洋諸国以上にいきすぎた形で近代化を推し進め、その副作用のために、より大きな苦しみを抱え込んでしまったように思われる。社会のいたるところで車が暴走しているのを目のあたりにしているいま、ほんらい、ブレーキはなくてはならないものであるというあたりまえのことに、そろそろ気づいてもよさそうなものである。

日本語と、英語、フランス語、ドイツ語などの西洋の言葉とのあいだには、文法、語彙をはじめ、さまざまなちがいがある。日本語に訳すと、どのように工夫をこらしたとしても、たいていのばあい、元の文、単語が意味するところと日本語訳が過不足なくぴったり重なることはない。多かれ少なかれ、はみだしたり、足りなかったりするところが生じてしまうのがふつうである。たとえば、いわゆる近代西洋の大思想家にならって、ムチで子どもをおどかしたり、大きな声を出しておびえさせたりして強制的になにかをやらせるよりも、「子どもの興味関心に訴えて、子どもが自らすすんで学ぶようにするのがよい」という考え方が、日本にもたらされ、定着した。しかし、ここで「興味関心」と訳されているのは、英語のinterest、フランス語のintérêt、ドイツ語のInteresseといった言葉である。学習辞典を引いてみただけでも、これらの西洋語の訳語として、興味、関心のほかに、利害や利益も掲げられていることがわかるはずである。もともとの西洋語で考えれば、「興味」や「関心」に訴えることは、打算的な「利害心」に訴えることと、明確に区別することができない。ところが、日本語の話者は、同じひとつの言葉を、肯定的な文脈では「興味」とか「関心」と訳し、否定的な文脈では「利害心」などと訳すことができる。このような訳し分けは、便利である反面、ものごとのよい面、明るい面ばかりをとらえて、好ましくない面、暗い面には目を向けないままでいることも可能にしてしまう。西洋の言葉で考える人たちなら、リスクを予見したうえで、とうぜんのこととして、安全装置もあわせて準備するところを、日本語の話者は、リスクを気にせず、安全装置をつけないまま、好ましいと思われる面だけをとらえて、よく知りもしない道具をいかに効率的に使うかということばかりに力を注ぐことができたのである。なんの疑問も感じることなく、安全についての備えをしないですむため、安上がりに、本家以上に生産性を高めることもできた。大きな事故が起こらないうちは、問題がほとんど気づかれないまま、いたずらにときがすぎ、潜在的な危険がどんどん増大していく。私たちが暮らす社会は、じつに危うい。

＊1　ロジャー・メイソン『顕示的消費の経済学』、八〇ページ。
＊2　ヒューム「技芸の洗練と進歩について」『市民の国について』、下巻、三〇－五〇頁。
＊3　ディドロ、ダランベール編『百科全書』、項目「奢侈」、二五二－二八七ページ。
＊4　奢侈論争が貴族たちの既得権を守ろうとする考え方と深く関係していたことについては、次を参照。Renato Galliani, *Rousseau, luxe et l'idéologie nobiliaire.* ただし、奢侈批判をもっぱら貴族イデオロギーに帰すのは問題である。キリスト教倫理をはじめ、他の要素との関係や、啓蒙主義の奢侈へのスタンスなどもバランスよく論じた次の論文もあわせて参照されたい。森村敏己「フェヌロンの奢侈批判」。
＊5　この論点については、イギリスを事例とした次の研究を参照。安川哲夫『ジェントルマンと近代教育』。
＊6　宮崎揚弘『フランスの法服貴族』、参照。
＊7　Helvétius, *De l'homme*, IV-3, t.I, p.334.
＊8　川出良枝『貴族の徳、商業の精神』、一三二ページ、参照。
＊9　*De l'homme*, I-6, t.I, p.68.
＊10　ジャン＝ジャック・ルソー、『エミール』第一編、八ページ。
＊11　『エミール』第三編、一八三ページ。
＊12　『エミール』第二編、一一五ページ。
＊13　ピエール・ブルデュー、ジャン＝クロード・パスロン『再生産』。ピエール・ブルデュー、ジャン＝クロード・パスロン『遺産相続者たち』、も参照。
＊14　佐藤俊樹『不平等社会日本』、二一八ページ。
＊15　『不平等社会日本』、三六ページ。
＊16　『不平等社会日本』、九ページ。
＊17　小此木啓吾『自己愛人間』、一三三ページ。
＊18　『自己愛人間』、一八九ページ。
＊19　『読売新聞』二〇〇七年八月一三日付朝刊。
＊20　『読売新聞』二〇〇七年八月一九日付朝刊。
＊21　喜入克『高校の現実――生徒指導の現場から』。プロ教師の会は、教師と生徒の間には「教える者と教えられる者」「処分する者と処分される者」という不平等な権力関係があることを明示したうえで、生徒と友人のような対等な立場を築くことを主張する立場を批判する現職教員たちのグループである。このグループの主張が現代日本の教育言説に占める位置については、哲学者の古茂田宏が要領よく整理している。「文化と文化の衝突――新権威派の学校論によせて」。
＊22　山田昌弘『パラサイト・シングルの時代』。
＊23　内田樹『下流志向』。
＊24　尾山力『痛みとのたたかい』。

終章

「とめどなき期待」という病

とめどなくふくらむ期待

およそものを感じる能力を持った存在が、苦痛を避け、快楽を求めることは、自然にかなっている。死を恐れ、できるだけ先延ばしにしたいと望むことは、自然本性に根を持つものの、必要以上に恐怖心が激しくかきたてられるのは、「想像力」の仕業によるとルソーは考える。文明が発達すればするほど、交流する人の数が増えれば増えるほど、想像力が強く働くようになる、とルソーはいう。想像力は、現実にありもしないものを頭のなかで思い描かせ、夢がかなうかもしれないという期待をふくらませる。一八世紀には、統計にもとづいて平均寿命、それぞれの年齢ごとにこれから先に期待できる余命を計算する試みがはやっていたようである。この時代を代表する博物学者、ビュフォンは、次のように記している。

よく知られているように、人間はどのような年齢であっても死ぬことがある。いっぱんに人間の寿命は、ほかのほとんどすべての動物の寿命よりも長いといいうるとはいえ、より不確かで、より変動が激しいことも否定できない。この変動の程度を知ろうと、観察にもとづいて、それぞれの年代の人間たちの死亡率についてなにかしら確かなことを定めようと、近年試みられてきた。*1

とくに、一七四二年にロンドンで刊行されたシンプソンの一覧表を参照しつつ、ビュフォンは次のように述べている。

三歳になるまで子供の生命はまったく頼りない。しかし続く二～三年のうちにしっかりしてきて、六～七歳の子供の生命は他のすべての年代より確実になる。様々な年齢における人類の死亡率についてロンドンで作成された新しい一覧表を参照すると、同時に生まれた一定数の子供のうち、最初の一年で四分の一以上が死に、二年目までには三分の一以上が、そして最初の三年間で少なくとも半数が死ぬ。この計算が正しいとすると、子供が生まれてきても、三年しか生きられないと確信することができよう。これは人類にとって、とても悲しい所見である。というのも、二五歳で死んだ人は自分の運命、自分の人生の短さに不平をもらすにちがいないと一般に考えられるが、その一方で、かの一覧表によれば、人類の半数が三歳になるまえに死んでしまうにちがいないからである。したがって、三年以上生きた人はだれでも、自分の運命に不平をもらすどころか、創造主によって他の人たちよりも手厚く扱われたのだと思わなければならないであろう。しかし、子供の死亡率は、どこでもロンドンと同じくらい高いというわけではまったくない。というのも、フランスでなされた数知れぬ観察にもとづいてデュプレ・ド・サン＝モール氏が断言するところによれば、同時に生まれた子供の半数が死ぬまでには七～八年かかる。そこで、この国では生まれたばかりの子供は七～八年生きるだろうと考えることができる。子供が五、六ないし七歳に達したならば、この同じ観察にもとづいて、子供の生命は他の年代よりも確実だと思われる。というのも、この時点ではさらに四二年生きると確信することができるからである。しかし、五、六、ないし七歳を越えて人が生きるにつれて、期待しうる余命年数は常に減少していき、こうして一二歳ではもはや三九年、二〇歳では三三年半、三〇歳では二八年しか確信できず、こうして八五歳になると、なお三年間生きられると合理的に確信できる。[*2]

しかし、どれだけ数字を集めてみても、なにもたしかなことはない。けっして安心できまい。ルソーは次のように指摘する。

ひとりひとりの人間の人生の長さほど不確かなことはなにもない。人間の寿命の限界点にまで到達できるのは、ほんの一握りにすぎない。[*3]

自分の生命がいつ終わりのときをむかえるのか、あらかじめ知ることはできない。そうであれば、いま、この瞬間を「ほんとうに生きている」という実感を覚えながらすごすことが肝要なのだ、とルソーはいう。幸せをほとんど実感することなく、ただ時間だけは長く息をしただけにすぎない人がいる一方で、たとえ短命であっても深い喜びを味わってこの世を去る人もいる。世間で行われている教育をルソーが激しく批判する最大の理由は、子どもたちに対する大人たちの配慮と呼ばれているものが、おうおうにして、将来のためにいま現在を犠牲にしている点にかかわっている。もしかしたら来ないかもしれない未来に、ほんとうに実感できるかどうかもわからない、根拠があやふやな、世間で社会通念上幸福だと考えられているもの（地位、名誉、財産など）を手に入れさせようとする大人たちの偏見のために、まず、いまこのときに、さんざん苦痛を与えられ、すぎされば二度と戻っては来ない、つかの間の幼年時代を涙を流しながらすごさなければならない子どもたちがかわいそうだ、とルソーはいう。

なぜ、このようなことになってしまうのか。世間で智恵と呼ばれているもの、将来を見通す力は、ルソーにとって、不吉きわまりないものであった。現実には存在ない、想像力がつくりだしたものをどこまでも追い求めさせるからである。

想像力こそが、善いことについても悪いことについても、可能な範囲の限度を拡張して、その結果、欲望を満足させられるかもしれないという期待によって、欲望をかきたて、ふくらませるのである。ところが、はじめのうちは手が届くかと思われたものも、追いつけないほどすばやく逃げ去ってしまう。やっとつかまえたと思ったときには姿を変えてしまい、私たちからはるかに離れた先に現れる。すでに通りすぎてしまった土地は、もう視界に入らないので、私たちはもはやなんの価値も認めない。これから進んでいく土地は、とめどなく大きく広がっていく。こうして、目的地にたどり着くことができないまま、疲れ果ててしまう。

快楽を味わえば味わうほど、私たちから幸福は遠ざかっていくのである。*4

もっとおいしいものを食べたいと望んで、現実には手に入らないものを探しはじめると、その望みがきっとかなうはずだという期待が想像力によってかきたてられると、じっさいに手に入るものすべてに価値が見いだせなくなってしまう。ありもしないもの、手に入らないものがどうしても欲しくなる。こうして、手に入れたいと望むものと、じっさいに自分が用いることができる能力とのあいだの落差が大きく広がっていく。ルソーによれば、自分の能力が及ばない欲望を持つ人は弱く、逆に、自分の能力をこえた欲望を持たない人は強い。能力と欲望がつり合っているとき、人間は苦痛を感じることが最も少ない、という意味で、人間に可能な限り幸せになることができる。能力と欲望のあいだに極端な落差が生じないようにすることが、幸せへの道である。逆立ちしても無限の能力など獲得できない人間が、やみくもに力を獲得しようとすれば、獲得された力以上に、想像力がふくらませた欲望が人間を苦しめることになる。

現実の世界には限界があり、想像の世界は無限である。現実の世界を広げることなどできないのだから、想像の世界を狭めることにしよう。というのも、私たちをほんとうに不幸にする苦しみはみな、この二つの世界の落差から生まれるからである。*5

想像力は、じっさい以上に私たちが能力を持っているかのように思わせ、いまいないどこか別の場所へ、いま生きていない、いつか来るであろう別の時間へと、私たちの思いを向けさせる。

将来を見通す力! 私たちがいないところへと、しばしば、私たちが決してたどり着けないところへとたえず私たちを連れて行く将来を見通す力、これこそ、私たちの悲惨さのほんとうの源泉である。人間のようなつかの間の生命しか持たない存在が、めったにやってこないはるか未来のことばかりいつも考えていて、確実に目の前にある現在をおろそかにするなどとは、正気の沙汰ではないのではないか。[*6]

ルソーは、いま一度、想像の世界から現実の世界へと読者を引き戻そうとする。神が造った自然にかなった世界では、すべてが一致協力して、秩序を保っている。人間にもふさわしい位置があるにちがいない。適切な位置にとどまっている限り、能力と欲望のあいだの落差は限りなく小さくなるであろう。ルソーによれば、政治社会の成立以前、文明化される以前に、自然にかなった生活をしていた人間は、そのような位置から逸脱することはなく、努力するまでもなく、そこにとどまることができた。しかし、文明社会に生きる私たちは、適切な位置を見失ってしまった。それを見いだし、自らの意志で、その位置にたちかえり、とどまるように努める必要がある。そのためには、しばしば、社会通念に対して、勇気あるたたかいを挑むように強いられる。

ルソーによれば、人の一生のそれぞれの段階には、それにふさわしい幸せがあり、それにふさわしい形で充実した生活をすることが、次の段階の幸せを用意することにもなる。いま、ここで、幸せになることが大切なのである。

「進歩」が生み出す怪物

執筆されてから二五〇年あまりのときを経て、なお、『エミール』が私たちの興味を引きつづける最大の理由は、著者ルソーが、西洋近代の原理原則の負の面に鋭いまなざしを注いでいたからである。個人の能力を可能な限り開花させ、技芸を洗練させ、生産性を向上させることが、ひとりひとりの人間の幸福と社会の繁栄をもたらすことに役立つにちがいない、と考える人たちにかこまれながら、ルソーは、いわゆる人類の発展、進歩、技芸の洗練に伴って生じるかもしれない危険性に目を向け、それを避けるために真剣に努力するべきだ、と力強い言葉で訴えた。いま、私たちが『エミール』を読む意味は、近代化＝西洋化の過程で日本人が学び損ねたであろう、近代化、西洋化のリスクに対して、どのような安全装置が用意できるのかを学び直すための、有力な手がかりを与えてくれるかもしれない点にこそある、と筆者は考える。

人類が培ってきた文明の成熟、技芸の洗練と賞賛される歴史は、ルソーの目には、強者が弱者を抑圧する不当な政治権力が生まれ、お互いさまではなく一方的に暴力が注がれるばかりの人間関係が、まがいものの「法」で強固に武装されるようになり、ほんの一握りの人たちだけが得られるぜいたくな生活を手に入れるための競い合いが激しくなり、自然にそぐわない不平等が拡大し、人間たちの心が悪徳に向かって堕落し、社会全体に苦しみが満ちていく、右肩下がりの歴史にほかならなかった。

人生に満ち満ちている、あのおびただしい誤謬、責め苦、悪徳を思うと、いったい人生が善＝幸福であったことがあるのか、と問いたくなる。命あるかぎり、もっとも有徳な人間でさえ絶えず罪に悩まされる。おうおうにして、有徳な人間は邪悪な者の餌食となる。そうでなければ、自ら邪悪な者となってしまう。戦い、苦しむこと、これがこの世における有徳な人間の運命である。悪をなし、苦しむこと、これが不誠実な人間のこの世における運命である。彼らの間ではあらゆることが異なっている。ただ、人生の悲惨だけは共通である。*7

快適で安楽な生活をもたらしてくれるはずの「進歩」の陰で、まばゆいばかりの光彩を放つ技芸の洗練の陰で、不幸が拡大し、積み重なっていく。人間たちの心が堕落し、見た目（外見）と中身にずれが生じ、ずれ幅がますます大きくなっていく。ほかの人たちの目に善人であるように映ることばかり考えて見た目を大切にしながら、心のなかでは、快楽をひとりじめにして、ほかのすべての人が不幸になることをのぞむ、不誠実な人間たちが現れる。不誠実な人間たちのあいだでは、まぼろしの幸せを手に入れようと競いながら、ますます見た目と中身のずれが大きくなっていく。人間に実感できる快楽をもたらしてくれるはずのものよりも、見た目ばかりを大切にするあまり、中身があやしいもの、まがいものが重宝されるようになる。いたるところで「まがいもの」が「ほんもの」にとってかわる。このような負の歴史を推し進める原動力となったものこそ、人間たちにまぼろしの幸せ、まがいものの快楽を追い求めさせ、実力以上に過大に自分を評価させ、それをほかの人たちにも認めさせたいと望ませる、利己愛であった。利己愛にとらわれた人たちは、おうおうにして、自分自身の実感によってではなく、他人が自分に注ぐまなざし、評価によって、自分の幸せ、不幸を判断する。実際に幸せになることよりも、幸せそうに他人の目に映ることを大切にする。こうして、他人から肯定的なまなざしを得るための競争が生まれてくる。

苦痛、悪、病に満ちたこの世界で、私たちをいっそう不幸に、惨めにしている最大の原因は、幸せになるための手段をひとりじめしようと欲することである。人間の姿形をしていながら、苦痛を感じている人たちに対する憐れみの情を感じなくなってしまった人たちを、ルソーは「怪物」と呼んだ。憐れみの情の声に耳を閉ざすだけでなく、むしろ、目の前で他の人間たちが苦しむのを見て楽しむような人たちさえいる。食べものがないままに飢えている人たちの目の前で、見せつけるようにしてごちそうを食べることに快感を覚える人たちさえいる。それを横から見て、自分も同じことをしてみたい、「うらやましい」と思う人たちがいる。現実にはありもしないものを頭のなかで描いてみせる妄想は、利己愛の対象となっているものがほんとうに手に入るかもしれないと思わせて、根拠のない期待をとめどなく膨らませてきた。私たちを「怪物」にしてしまう、とめどなき期待という病は、形を変え品を変え、私たちの心と生活をむしばみつづけている。

ルソーからのメッセージ

幸せは偏在する（偏って存在する）。世の中には、なにをやってもうまくいく（ように見える）人がいる。権力、富、愛情、世間からの尊敬、社会的成功を、欲しいままに手中に収めている（ように見える）人がいる。それなのに、自分ときたら、なにをやってもうまくいかない。できることなら、もっと高い地位につきたい。もっと富を手にしたい。もっと愛されたい。もっと尊敬されたい。そんな風に思うことがあるかもしれない。ときに、自分よりも恵まれている（ように見える）人の成功、権力、富を羨ましく思うことがあるかもしれない。そして、自分が手にしているものなど、とるにたりない、つまらないものばかりだ、と惨めな気持ちになることがあるかもしれない。

しかし、幸せそうに見える人が、ほんとうに幸せであることなど、めったにないのだ、とルソーはいう。いくら強大な権力や莫大な富を手に入れてみても、だからといって、幸せを実感できるわけでは必ずしもない。権力も富も、ほんとうに幸せになるために役立つことなど、ほとんどないのだ、という。

幸せは遍在する（遍くどこにでも存在する）。見かけだけの、他人の幸せを羨ましいと思う人は、手をのばしさえすれば簡単に手に入るはずの幸せを取り逃がしているのだ、とルソーはいう。幸せになることは、幸せそうに見せかけることよりも、はるかに簡単なことなのだ、という。

私たちが不幸で惨めになる最大の原因は、ルソーによれば、幸せを自分自身の実感によってではなく、他人が自分に注ぐまなざし（羨望、評価、尊敬）によって判断することにある。他人が羨ましがるものをはるか遠くへと探し求めにいって、自分のすぐ手元にある、ほんとうに幸せを実感させてくれるはずのものを、つまらないものだと軽んじることにある。他人に対する自分の優越を認めさせたいと欲することにある。ほとんど手に入れることができないもの（めずらしいもの）を大切に思い、誰の手にも入るもの（ありふれたもの）など、とるにたりないものだと思うことにある。めったに手に入らないものを重んじる人は、それをひとりじめすることに特別の意味を認める。どんなに欲しがってもほかの人が手に入れることができないものを、自分ひとりが手にしていることに喜びを感じる。このような「いつわりの喜び」がもたらす快楽はとるにたりないものだ、とルソーはいう。不意打ちをくらってこの喜びが暴力的に奪われることを恐れ、いつも不安におびえていなければならない。持っていても大した喜びを与えてくれないにもかかわらず、一度失われたなら、とてつもない苦しみを感じさせる。それを防ごうと、幾重にも守りを固めてみても、なお、不安を消し去ることができない。

しかし、私たちをほんとうに幸せにしてくれるものは、たぐいまれなもの、希少なものなどではなく、ごくありふれたもの、手をのばしさえすればたやすく手に入るものなのである。たやすく手に入るものは、たやすく分かち合うことができる。たやすく与えることができるものは、たやすく譲ってもらうこともできる。私たちを惨めにする、とめどなき期待という病は、真剣に望むなら、癒すことができないわけではあるまい。

＊1 Buffon, *Histoire naturelle, générale et particulière, avec la description du cabinet du Roy*, t.II, pp.588. ビュフォンの『博物学』は、『エミール』執筆にあたって、参考にされた書目で、本文中に引用もされている重要な典拠のひとつである。本書では、この二つの著作を比較検討するいとまがない。さしあたり、次を参照。Piter D. Jimack, *La genèse et la rédaction de l'*Émile *de J.-J Rousseau*, pp.328-344.

＊2 *Histoire naturelle*, pp.471-472. cf. Roger Mercier, *L'enfant dans la société du XVIIIe siècle (Avant l'*Émile*)*, pp.26-30.

＊3 ジャン＝ジャック・ルソー、『エミール』第二編、五四ページ。

＊4 『エミール』第二編、五六－五七ページ。

＊5 『エミール』第二編、五七ページ。

＊6 『エミール』第二編、五九ページ。

＊7 ジャン＝ジャック・ルソー、『ジュリ、新エロイーズ』第三部書簡二一、『ルソー全集』第九巻、四四七ページ。

参考文献

Abbadie, Jacques（1654-1727）〔2003〕*L'art de se connaître soi-même*, Paris : Fayard.

Alembert, Jean Le Rond d'（1717-1783）〔1967〕*Œuvres complètes*, Genève : Slatkine, 5 vol.

Baudrillard, Jean（1929-2007）〔1970〕*La société de consommation : ses mythes, ses structures*, Paris : Gallimard. ジャン・ボードリヤール、『消費社会の神話と構造』、今村仁司、塚原史・訳、〔一九九五〕、紀伊国屋書店。

Bourdieu, Pierre（1930-2002）et Passeron, Jean-Claude（1930- ）〔1970〕*La reproduction : éléments pour une théorie du système d'enseignement*, Paris : Éditions de Minuit. ピエール・ブルデュー、ジャン＝クロード・パスロン『再生産』宮島喬・訳、〔一九九一〕、藤原書店。

Bourdieu et Passeron〔1985〕*Les héritiers : les étudiants et la culture*, Paris : Les Éditions de Minuit. ピエール・ブルデュー、ジャン＝クロード・パスロン『遺産相続者たち』戸田清、高塚浩由樹、小澤浩明・訳、〔一九九七〕、藤原書店。

Bourdieu, Pierre〔1989〕*La Noblesse d'État : grandes écoles et esprit de corps*, Paris : Les Éditions de minuit. ピエール・ブルデュー『国家貴族』立花英裕・訳、〔二〇一二〕、藤原書店。

Castel de Saint-Pierre, Charles Irénée（1658-1743）〔1986〕*Projet pour rendre la paix perpétuelle en Europe*, Paris : Fayard. サン＝ピエール『永久平和論』本田裕志・訳、〔二〇一三〕京都大学学術出版会、全二冊。

Buffon, George-Louis Leclerc（1707-88）〔1750-89〕*Histoire naturelle, générale et particulière, avec la description du cabinet du Roy*, Paris, Imprimerie Royale, 36 vol.

Charrak, André〔2013〕*Rousseau. De l'empirisme à l'expérience*, Paris : Vrin.

Condillac, Etienne Bonnot de Mably abbé de（1714-80）〔1947-1951〕*Œuvres philosophiques*, Paris : PUF, 3 vol.
コンディヤック〔一九四八〕『感覚論』、加藤周一、三宅徳嘉・訳、創元社。

コンディヤック［一九九四］『人間認識起源論』、古茂田宏・訳、岩波書店（岩波文庫、全二冊）。
コンディヤック［二〇一一］『動物論』古茂田宏訳、法政大学出版局。
Diderot, Denis（1713-1784）et Alembert, Jean Le Rond d' éd.［1751-1772］*Encyclopédie, ou dictionnaire raisonné des sciences, des arts et des métiers* par une société de gens de lettres ; mis en ordre & publié par M. Diderot ... & quant à la partie mathématique, par M. d'Alembert, Genève, Paris, Neufchastel : Chez Briasson, David, Le Breton, Durand, 27 vol. ディドロ、ダランベール・編『百科全書――序論および代表項目』、桑原武夫・訳編、［一九七一］、岩波書店（岩波文庫）。
Diderot, Denis［1955－］*Correspondance*, édition établie, annotée et préfacée par Georges Roth, Paris : Éditions de Minuit.
Diderot, Denis［1969-73］*Œuvres complètes*, Paris : le Club français du livre, 15 vol.
Diderot, Denis［1975- ］*Œuvres complètes*, Paris : Hermann, 25 vol. parus sur 33 volumes prévus.
ディドロ［一九七六～二〇一三］『ディドロ著作集』全四巻、法政大学出版局。
Durand, Béatrice［1999］*Le paradoxe du bon maître*, Paris : l'Harmattan.
Formey, Johann Heinrich Samuel（1711-97）［1763］*L'Esprit de Julie, ou extrait de la Nouvelle Héloïse : ouvrage utile à la société et particulièrement à la jeunesse*, Berlin : J. Jasperd.
Formey, Johann Heinrich Samuel［1763］*Anti-Émile*, Berlin : J. Pauli.
Formey, Johann Heinrich Samuel［1764］*Émile chrétien, consacré à l'utilité publique*, Berlin : J. Neaulme.
Galliani, Renato［1989］*Rousseau, luxe et l'idéologie nobiliaire*, Oxford : Voltaire Foundation, SVEC, v.268.
Guichet, Jean-Luc（dir.）［2012］*La question sexuelle : interrogations de la sexualité dans l'œuvre et la pensée de Rousseau*, Paris : Classiques Garnier.
原聡介［一九七八］「戦前のわが国におけるルソー教育思想のとらえ方」、『教育学研究』四五－四。
Helvétius, Claude-Adrien（1715-71）［1989］*De l'homme*, Paris : Fayard, 2 vol.

Holbach, Paul Henri Thiry, baron d'（1723-1789）［1994］*Système social*, Fayard.
Huber, Marie（1695-1753）［1738］*Lettres sur la religion essentielle à l'homme, distinguée de ce qui n'en est que l'accessoire*, Amsterdam : J. Wetsteins et W. Smith.
Hume, David（1711-76）［1985］*Essays Moral, Political, and Literary*, Indianapolis : Liberty Fund.
ヒューム［一九八二］『市民の国について』、岩波書店（岩波文庫、全二冊）。
井田進也［一九七七］「『民約訳解』中断の論理」、『思想』六四一号、岩波書店。
Jimack, Piter D.［1960］*La genèse et la rédaction de l'*Émile *de J.-J. Rousseau*, Oxford : Voltaire Foundation, SVEC, v.13.
川出良枝［一九九六］『貴族の徳、商業の精神』、東京大学出版会。
川合清隆［二〇〇二］『ルソーの啓蒙哲学』、名古屋大学出版会。
木崎喜代治［一九八六］『マルゼルブ』、岩波書店。
喜入克［二〇〇七］『高校の現実——生徒指導の現場から』草思社。
古茂田宏［一九九六］「文化と文化の衝突——新権威派の学校論によせて」、汐見稔幸・編『講座・学校３巻　変容する社会と学校』柏書房。
桑瀬章二郎・編、［二〇一〇］、『ルソーを学ぶ人のために』、世界思想社。
Leibniz, Gottfried Wilhelm Freiherr von（1646-1716）［1969］*Essais de théodicée sur la liberté de Dieu, la liberté de l'homme et l'origine du mal*, Paris : Garnier-Flammarion.
ライプニッツ［一九八八～一九九九］『ライプニッツ著作集』全一〇巻、工作舎。
Maul, Laurence［1997］« Les luxes de l'autoportrait par hypothèse : La digression « si j'étais riche ... » dans l' *Émile* », *Poétique*, n° 112.
Mall, Laurence［2002］Emile *ou les figures de la fiction*, Oxford, Voltaire Foundation, SVEC.

Mandeville, Bernard（1670-1733）［1924］*The Fable of the Bees, or Private Vices, Publick Benefits*, Oxford : Clarendon Press, 2 vol. マンデヴィル『蜂の寓話――私悪すなわち公益』、泉谷治・訳、［一九八五］、法政大学出版局。マンデヴィル『続・蜂の寓話――私悪すなわち公益』泉谷治・訳、［一九九三］、法政大学出版局。

Martin, Christophe［2010］*« Éducations négatives » : fictions d'expérimentation pédagogique au dix-huitième siècle*, Paris : Classiques Garnier.

Mason, Roger S.［1998］*Economics of conspicuous consumption*, Cheltenham / Northampton : Edward Elgar. ロジャー・メイソン『顕示的消費の経済学』鈴木信雄、高哲男、橋本努・訳、［二〇〇〇］、名古屋大学出版会。

McEachern, Jo-Ann E.［1989-93］*Bibliography of the Writings of J.-J. Rousseau to 1800*, Oxford : Voltaire Foundation, 2 vol.

宮崎揚弘［一九九四］『フランスの法服貴族――一八世紀トゥルーズの社会史』、同文館出版。

Mercier, Roger［1961］*L'enfant dans la société du XVIIIe siècle (Avant l'*Émile*)*, Paris : Université de Paris, Faculté des lettres et sciences humaines.

Montesquieu, Charles de Secondat（1689-1755）［1949-51］*Œuvres complètes*, Paris : Gallimard, Bibliothèque de la Pléiade, 2 vol.

モンテスキュー［一九八九］『法の精神』、野田良之他・訳、岩波書店（岩波文庫、全三冊）。

森村敏己［一九九三］『名誉と快楽―― エルヴェシウスの功利主義』、法政大学出版局。

森村敏己［一九九七］「フェヌロンの奢侈批判」『一橋大学研究年報・社会学研究』三六。

森田伸子［一九八六］『子どもの時代――「エミール」のパラドックス』、新曜社。

中島勿堂［一九三二］『斗南存稿』、中島竦・編、文求堂書店。

沼田裕之［一九八〇］『ルソーの人間観――『エミール』での人間と市民の対話』、風間書房。

小此木啓吾［一九九八］『自己愛人間』、筑摩書房（ちくま学芸文庫）。

尾山力［一九九〇］『痛みとのたたかい』、岩波書店（岩波新書）。

Pascal, Blaise（1623-62）［1963］*Œuvres complètes*, Paris : Seuil.

パスカル［一九六五］『パンセ』、松波信三郎・訳、河出書房新社。

Philonenko, Alexis［1984］*J.-J. Rousseau et la pensée du malheur*, Paris : Vrin, 3 vol.

Pittasi, Maria-Cristina［2012］« Marie Huber, *Lettres sur la religion essentielle à l'homme, distinguée de ce qui n'en est que l'accessoire*（*1738*）», *in Rousseau, Calvin, Genève*, Noyon : Musée Jean Calvin.

Rousseau, Jean-Jacques（1712-78）［1877］*Emil oder ueber die Erziehung*, übersetzt von Hermann Denhardt, Leipzig, Reclams Universal-Bibliothek, 2 Bde.

Jean-Jacques Rousseau［1882］*Émile, ou de l'éducation : extraits comprenant les principaux éléments pédagogiques des trois premiers livres*, avec une introduction et des notes par Jules Steeg, Paris : Hachette.

Rousseau, Jean-Jacques［1882-1883］J.J. Rousseau, *Emile*, übersezt und erläutert von E. von Sallwürk, mit einer Biographie Rousseau's von Theodor Vogt, Langensalza : H. Beyer's Bibliothek pädagogischer klassiker, 2 Bde.

Rousseau, Jean Jacques［1889］*Emile, or concerning Education : extracts containing the principal Elements of Pedagogy found in the first three books*, with an introduction and notes by Jules Steeg, translated by Eleanor Worthington, Boston : D.C. Heath.

Rousseau, Jean-Jacques［1892］*Rousseau's Emile, or Treatise on Education*, abridged, translated and annotated by William H. Payne, London, E. Arnold.

Rousseau, Jean-Jacques［1911］J.-J. Rousseau, *Emile, or, Education*, translated by Barbara Foxley, London : J.M. Dent & Sons, New York : E.P. Dutton.

Rousseau, Jean-Jacques［1959-95］*Œuvres complètes*, Paris : Gallimard, Bibliothèque de la Pléiade, 5 vol.

Rousseau, Jean-Jacques［1965-1998］*Correspondance complète de J.-J. Rousseau*, 52 vol., Genève : Institut et Musée Voltaire et puis Oxford : Voltaire Foundation.

佛國文豪ルツソオ［一八九七］『児童教育論』、菅緑蔭・訳、文遊堂。

ルソウ［一八九九］『エミール抄』、山口小太郎、島崎恒五郎・訳、開發社。

ルーソー［一九〇二］『父母と子供』、菅學應・訳、文光堂。

（法國）約罕若克盧騒［一九〇三］『教育小説愛美耳鈔』（日本）山口小太郎、島崎恆五郎・譯、（日本）中島端重譯、上海、教育世界出板所、全二冊。

ルッソー［一九一三］『人生教育・エミール』、三浦關造・訳、隆文館。

ルソー［一九二四］『自然の子エミール』、田制佐重・訳、文教書院。

ルソー［一九二四］『懺悔の教育（エミール）』、林鎌次郎・訳、目黒書店。

ルソオ［一九五五］『教育第一書エミール改題 わが子の真に幸福であるために』、林鎌次郎・訳、天心閣。

ルソー［一九六二～一九六四］『エミール』、今野一雄・訳、岩波書店（岩波文庫、全三冊）。

ルソー［一九六五］『エミール』、永杉喜輔、宮本文好、押村襄・訳、玉川大学出版部。

ルソー［一九六六］『エミール』平岡昇・訳、河出書房新社。

ルソー［一九六七～六九］『エミール』、長尾十三二、原聡介、永治日出雄、桑原敏明・訳、明治図書出版、全三冊。

ルソー［一九七九～一九八五］『ルソー全集』、小林善彦、樋口謹一・監修、白水社、全一四巻別巻二。

ルソー［二〇一六］『人間不平等起源論』坂倉裕治・訳、講談社（講談社学術文庫）。

坂倉裕治［一九九八］『ルソーの教育思想――利己的情念の問題をめぐって』、風間書房。

坂倉裕治［一九九九］「啓蒙主義の教育思想（二）進歩と教育」、原聡介他・編『近代教育思想を読みなおす』、新曜社。

坂倉裕治［二〇〇六］「『理性的人間』の形成と感覚論哲学」、田中克佳・編『「教育」を問う教育学』、慶應義塾大学出版会。
坂倉裕治［二〇〇九］「涙ながらに読む書簡――ルソー『エミールとソフィ』をめぐって」、桑瀬章二郎編『書簡を読む』春風社。
坂倉裕治［二〇〇九］「日本の近代化と『エミール』――三浦關造の抄訳を中心に」、『思想』一〇二七号、岩波書店。
坂倉裕治［二〇一三］「日本における『エミール』の初訳――菅學應の抄訳（一八九七年）を読む」、『立教大学教育学科年報』第五六号。
坂倉裕治［二〇一四］「日本における『エミール』の初期翻訳――山口小太郎・島崎恒五郎の抄訳（一八九九年）を読む」、永見文雄、三浦信孝、川出良枝・編『ルソーと近代――ルソーの回帰・ルソーへの回帰』、風行社。
Sakakura, Yûji［2014］« Le soi se déguise-t-il à soi-même ? ce que J.-J. Rousseau apprend dans la ploémique théologique des XVIIe et XVIIIe siècles », dans J.-F. Perrin et Y. Citton (éds.), *Jean-Jacques Rousseau et l'exigence d'authenticité*, Paris : Classiques Garnier.
Sakakura, Yûji［2015］« Les trois premières traductions japonaises de l'*Émile* », *Rousseau Studies*, No.3, Genève : Slatkine.
坂倉裕治［二〇一八］「ルソー『エミール』の初版本認定指標」、『名古屋大学附属図書館研究年報』第一五号。
佐藤俊樹［二〇〇〇］『不平等社会日本』、中央公論新社（中公新書）。
内田樹［二〇〇七］『下流志向』、講談社。
梅根悟［一九六三］『国民教育の改革』、誠光堂新光社。
Vargas, Yves［1995］*Indroduction à l'Émile de J.-J. Rousseau*, Paris : P.U.F.
Vauvenargues, Luc de Clapiers（1715-1747）［1981］*Introduction à la connaissance de l'esprit humain*, Paris : Garnier-Flammarion.
ヴォーヴナルグ［一九五五］『不遇なる一天才の手記』関根秀雄・訳、岩波書店（岩波文庫）。

Vauvenargues, Luc de Clapiers［1999］*Œuvres complètes*, Paris : Alive, 1999.
Veblen, Thorstein（1857-1929）［1975］*The Theory of the Leisure Class*, New York : A.M. Kelley, Bookseller. ヴェブレン［二〇一五］『有閑階級の理論』、高哲男・訳、講談社（講談社学術文庫）。
Voltaire, François Marie Arouet dit（1694-1778）［1954］*Romans et contes*, Paris : Gallimard, Bibliothèque de la Pléiade.
Voltaire［1957］*Œuvres historiques*, Paris : Gallimard, Bibliothèque de la Pléiade.
Voltaire［1961］*Mélanges*, Paris : Gallimard, Bibliothèque de la Pléiade.
ヴォルテール［一九八八］『哲学事典』、高橋安光・訳、法政大学出版局。
ヴォルテール［二〇〇五］『カンディード』、植田祐次・訳、岩波書店（岩波文庫）。
山田昌弘［一九九九］『パラサイト・シングルの時代』、筑摩書房（ちくま新書）。
安川哲夫［一九九五］『ジェントルマンと近代教育』、勁草書房。
吉岡知哉［一九八八］『ジャン＝ジャック・ルソー論』、東京大学出版会。
吉岡知哉［二〇〇五］「『エミール』とそら豆」、『思想』一〇二七号、岩波書店。
Ziegler, Jean［1999］*La faim dans le monde expliquée à mon fils*, Paris : Seuil. ジャン・ジグレール『世界の半分が飢えるのはなぜ？』勝俣誠・監訳、たかおまゆみ・訳、［二〇〇三］、合同出版。
『聖書』［一九九八］新共同訳、日本聖書教会。

読書案内

ルソーと問題を共有する思想家たち

坂倉裕治

かつて、ヨーロッパ近代の原理原則は、時代と空間を飛び越えて、いつでもどこでも通用する普遍性を持っているのだ、と主張された。その行きづまりがそこかしこに見られるこんにち、近代の原理原則の負の側面に光をあて、警鐘を鳴らしたルソーに学ぶことは少なくない。しかし、ルソーの思想は、先行する思想家たち、同時代の思想家たちとの対話を養分として培われている。ルソーが向き合った問題に、ルソーとは異なる角度から論じた思想家も数多く存在する。ルソーの思想が、当時ありえたさまざまな思想のなかの、ひとつの形にすぎないということも、忘れてはなるまい。ルソーは大変な読書家だったので、参考にした書物をあげはじめると、きりがない。神学者の書物、文学作品、教育論、博物学関係書など、『エミール』に大きな影響を与えた書物の多くが、残念ながら、まだ、日本語では読むことができない。とはいえ、少しずつ、ルソーが参考にした書物、ルソーから着想を得た書物が、はじめて日本語に訳されてきている。また、以前から翻訳があった作品についても、より読みやすい新訳が現れている。ここでは、本文では触れられなかったいくつかを、現代日本の病＝悪をめぐる問題を考える手がかりとして選び、紹介してみたい。ルソーと比べながら読むと、面白いのではないだろうか。

ルソーが病＝悪の問題と向き合うとき、悪の原因を人間本性に帰す論者を激しく論駁している。とくに名ざしで批判しているのが、自己の生存と幸福追求の原理である利己心を人間本性の中核にすえて、国家による統制がない自然状態においては、人間と人間が果てしない闘争状態に陥ると主張したホッブズである。とくに、あらたに翻訳された『**市民論**』（本田裕志訳、京都大学学術出版会、二〇〇八年）と『**人間論**』（本田裕志訳、京都大学学術出版会、二〇一二年）が注目される。

同じように利己心を基盤に人間本性を理解しながらも、自分ひとりの力では幸福追求の欲求を満たせない「弱さ」のために人間は他人の助力を必要としているので、自然状態は必ずしも闘争状態ではないとした、プーフェンドルフの『**自然法にもとづく人間と市民の義務**』（前田俊文訳、京都大学学術出版会、二〇一六年)が、ラテン語原典から翻訳されたのも喜ばしい。ルソーも仏訳版を熟読していた浩瀚な『自然法と万民法』の重要な部分を抜き出した摘要といえるもので、複数のヨーロッパ言語に訳され、近代自然法学の必読教材として広く読まれていた。『自然法と万民法』のバルベラックによる仏訳版に付せられた序文も翻訳されている(『**道徳哲学史**』(門亜樹子訳、京都大学学術出版会、二〇一七年)。

利己愛を徹底的に断罪する論としては、パスカルと並んで、ラ・ロッシュフーコーの『**箴言集**』(二宮フサ訳、岩波文庫、一九八九年)が重要である。「その陰鬱な思想に好感は持てなかった」とルソーはいうものの、じっさいには多くを学んでいる。

若き日『人間不平等起源論』を熟読したアダム・スミスは、利己心の統御という課題をめぐって、ある程度ルソーと問題意識を共有しながらも、ルソーとは異なる解決策を提案した。『**道徳感情論**』(高哲男訳、講談社学術文庫、二〇一三年)では、利己心の逸脱を制限して、いきすぎないように調節する機能を持つ同感について論じた。ルソーが道徳の基礎においた「憐れみの情」と、スミスが描く「同感」が、まったく逆方向に向かうことが興味深い。スミスは、地位の低い人よりも高い人に、財産の少ない人よりも多い人に、恵まれない人よりも恵まれた人に、同感を覚えやすいと指摘した。しかし、同書が版を重ねるたびに加筆され、恵まれた人に同感しやすいという傾向が道徳感情の腐敗を招く原因となりうることが、しだいに重大な問題として意識されていく。

他人から高く評価されることを欲する欲望が生み出す競い合いの関係については、ヘーゲルの「承認をめぐる生命を賭した闘争」の議論が有名である。他人から高く評価(承認)され、世界の中心、主人公になりたいという欲求は、命懸けの争いを生み出し、勝者と敗者の関係を主人と奴隷の関係にしてしまう。難解な『**精神現象学**』も新訳(長谷川宏訳、作品社、一九九八年)の登場でかなり親しみやすくなった。

病=悪の問題を考えるルソーの思想が奏でるメロディーによりそって、重低音として、破格の存在感で鳴り響いているのが、プラトンである。『**国家**』(藤沢令夫訳、岩波文庫、一九七九年、全二冊)を「これまでに書かれた最良の公教育論」と賞賛したルソーは、「言葉のうえで理想の国家を建ててみよう」というプラトンの思考実験を参考にしながら、理想の家庭教師を描いたにちがいない。

あとがき

古典と呼ばれる著作に、「正しい読み方」などというものがあるのかどうか、疑問に思う。もっとも、ある程度の範囲のなかにとどまることが文献学的にみて適切であるとか、その範囲から外れた読み方が不適切であるとか、そういうことは判断できると考える。思想史研究の専門家のあいだでは、読み方が適切か不適切かを厳格に区別すること、区別の根拠をしっかりと示すことに、一定の意味があることはいうまでもあるまい。しかしまた、いわゆる専門家ではない、多くの読者たちによって、数百年、場合によっては数千年にわたって古典作品が読みつがれてきたことには、それとは別の理由があるのだろう。仮に、それが作者が望まないことだとしても、読者は自分が読みたいと思ったことだけを読みとり、受け入れたいと思ったことだけを受けとめる。自分が日々目にしている現実的な課題について、的確に表現する言葉を与えてくれたり、よりはっきりとした輪郭を与えてくれるような作品であれば、時間と空間を飛び越えて、切実な現実味、そういってよければ、力強い生命をもって読者に迫ってくるにちがいない。そのような体験を許してくれる作品こそが、長い期間にわたって読みつがれてきたのではないだろうか。筆者もまた、そのような意味での生命が宿った作品として、ルソーの著作を読んできた。

「いま読む！名著」シリーズの編集を担当する中西豪士氏から、このシリーズでルソーの作品をとりあげたい、というご相談を受けたとき、まさに渡りに舟だと感じた。ルソーを現代の視点からじっくり読み直すという課題は、これまで、必ずしも正面からとりくむ機会を得なかったとはいえ、常に筆者の頭の片隅にあったからである。といっても、やり方はいろいろあったにちがいない。とりあげる作品を選ぶのも、なかなか悩ましい。格差が広がっているとされる現代社会を省みれば、『人間不平等起源論』を現代の論者と重ね読みしてみるのもよいかもしれない。『社会契約論』をとりあげて、政治権力の正当性について考え直してみることも有意義だろう。ほぼ二時間に及んだ中西氏との話し合いのなかで、『エミール』をとりあげて現代社会の病＝悪の問題について考えてみるのが、いちばん魅力的だろうという結論にいきついた。このとき、本書の基本構想がおぼろげにつくられ、『期待という病』という仮のタイトルが決まった。その後、版元の希望によって現在の形となった。本書の草稿段階から様々な助言を与えられ、煩瑣な編集業務を誠実に担ってくださった中西氏に対して、この場を借りて心からの謝意を表明したい。

これまで、ルソーの著作を文献学的に読み解いてきた一研究者として、本書を執筆するにあたっても、『エミール』をはじめルソーの作品の読解として、「妥当な範囲」を大きく逸脱することがないように、心がけた。また、『エミール』を読み解くために必要な情報を提示し、『エミール』が書かれた一八世紀当時の時代背景をあぶりだすように描くようつとめた。さらに、『エミール』を道具として利用してみると、私たちの生活や社会がどのように見えるのか、できるだけ具体的に描くことに心をくだいた。こうしたことは、「いま読む！名著」シリーズの一冊として当然のことであ